Ivaylo Penchev

Welche Folgen hat der IFRS 15 für die Umsatzrealisierung in der Softwareindustrie?

Leitlinien und Besonderheiten des neuen Standards

Bibliografische Information der Deutschen Nationalbibliothek:

Die Deutsche Nationalbibliothek verzeichnet diese Publikation in der Deutschen Nationalbibliografie; detaillierte bibliografische Daten sind im Internet über http://dnb.d-nb.de abrufbar.

Impressum:

Copyright © Studylab 2020

Ein Imprint der GRIN Publishing GmbH, München

Druck und Bindung: Books on Demand GmbH, Norderstedt, Germany

Coverbild: GRIN Publishing GmbH | Freepik.com | Flaticon.com | ei8htz

Inhaltsverzeichnis

Abkürzungsverzeichnis IV

1 Problemstellung 1

2 Sinn und Zweck des Jahresabschlusses nach IFRS 3

3 IFRS- *Revenue Recognition* 6

    3.1 Das Fünf-Schritte-Modell des IFRS 7

    3.2 Identifikation von Kundenverträgen 7

    3.3 Identifizierung der Leistungsverpflichtungen 10

    3.4 Aufteilung des Transaktionspreises auf die Leistungsverpflichtungen ... 16

    3.5 Umsatzrealisierung mit Erfüllung der Leistungsverpflichtungen 20

    3.6 Vertragskosten 25

4 Bezug auf US-GAAP, ASC 27

5 Besonderheiten der Umsatzrealisierung in der Softwareindustrie unter Anwendung von IFRS anhand von Beispielen 29

    5.1 Formen der Lizenzierung 29

    5.2 Kundenspezifische Softwareentwicklung und *Customizing* 32

    5.3 Lizenzierung von Standardsoftware 36

    5.4 Problematik der Mehrkomponentengeschäfte bei Softwareverträgen ... 40

    5.5 Cloud-Dienstleistungen 46

    5.6 Umsatz- und nutzungsabhängige Lizenzgebühren 49

    5.7 Preiskonzessionen bei langlaufenden Vereinbarungen 51

    5.8 Vertragslaufzeit und Vertragsstrafen bei Kündigung 53

6 Thesenförmige Zusammenfassung 54

Literaturverzeichnis 57

Abkürzungsverzeichnis

ERP	Enterprise Resource Planning
FASB	Financial Accounting Standards Board
h. M.	herrschende Meinung
IAS	International Accounting Standards
IASB	International Accounting Standards Board
i. d. R.	in der Regel
IFRS	International Financial Reporting Standards
i. V. m.	in Verbindung mit
PCS	Post-Contract-Support
TRG	Transition Resource Group
US-GAAP	Generally Accepted Accounting Principles (United States)

1 Problemstellung

IFRS 15 als neuer Standard in der Finanzbranche regelt die Bilanzierung aller Erlöse aus Verträgen mit Kunden. Er betrifft alle Unternehmen, die Verträge über die Lieferung von Gütern oder Dienstleistungen an ihre Kunden abschließen (es sei denn, die Verträge fallen in den Anwendungsbereich anderer IFRS-Standards). Der Standard ist auf Unternehmen anzuwenden, sofern sie über Geschäftsjahre berichten, die am oder nach dem 1. Januar 2018 beginnen.[1] Der neue Standard ist das Ergebnis eines gemeinsamen Projekts des *International Financial Accounting Board*'(IASB) und des *Financial Accounting Standards Board*'(FASB) zur Entwicklung eines konvergierenden Regelwerks für die Rechnungslegung, das sowohl nach IFRS als auch nach US-GAAP anzuwenden ist. Er ist branchenübergreifend und für die meisten Arten von Umsatztransaktionen relevant.[2]

Die Umsatzrealisierung innerhalb der Softwareindustrie gestaltete sich mit jeder Menge komplexen branchenspezifischen Anleitungen in der Vergangenheit. Die neuen Umsatzstandards [ASC 606(US-GAAP) und IFRS 15, Erlöse aus Verträgen mit Kunden] ersetzen branchenspezifische Leitlinien durch ein einziges Umsatzrealisierungsmodell. Daher wird nach h. M. erwartet, dass die Bilanzierung von Softwareprodukten und -dienstleistungen zu den Bereichen gehört, die am stärksten von den neuen Standards betroffen sind.[3]

Dies liegt daran, dass die derzeitigen Leitlinien nach IFRS, insbesondere für Lizenzumsätze, eingeschränkt sind und zahlreiche Unternehmen in der Vergangenheit versucht haben, Bilanzierungs- und Bewertungsmethoden auf der Grundlage branchenspezifischer US-GAAP zu entwickeln.[4]

Die Umsetzung von IFRS 15 in der Softwareindustrie erweist sich als Herausforderung. Als mögliche Folge hieraus kann sich ergeben, dass Softwareunternehmen zukünftig mehr Einschätzungen vornehmen müssen als sie es heute tun. Das neue Modell in IFRS 15 stellt eine wesentliche Änderung gegenüber dem derzeitigen Modell des „Übertragung von Risiken und Chancen" in IAS 18 Revenue dar. Softwareunternehmen können jedoch nach IFRS 15 unterschiedliche Schlussfolgerungen ziehen, welche Güter oder Dienstleistungen separat bilanziert werden können und

---

[1] Vgl. Lüdenbach/Hoffmann: § 25 Erlöse aus Verträgen mit Kunden, (2019), Rz.1-2
[2] Vgl. Oyedokun: Revenue Recognition Paradox: A Review of IAS 18 and IFRS 15, (2016), S.01f.
[3] Vgl. PwC: New revenue guidance, (2017), S.01
[4] Vgl. Lüdenbach/Freiberg: Umsatzrealisierung nach IFRS 15, (2015), S.134

welche Gegenleistung ihnen zuzurechnen ist. Eine der bedeutendsten Änderungen, die sich auf die Branche auswirken, ist die Erfassung von mehr Umsätzen im Voraus, bezogen auf den Übergang der Kontrolle an den Kunden im Moment der Software-Lieferung.[5]

Um die Unternehmen bei der Implementierung von IFRS 15 zu unterstützen, haben die Gremien die *Joint Transition Resource Group for Revenue Recognition* (TRG)' eingerichtet. Die Boards haben die TRG gegründet, um sie bei der Entscheidung zu unterstützen, ob zusätzliche Interpretationen, Anwendungshinweise oder Schulungen zu Umsetzungsfragen und anderen, von den Interessengruppen eingereichten Fragen erforderlich sind.[6]

Die vorliegende Arbeit behandelt die Umsatzrealisierung in der Softwareindustrie, die sich insbesondere mit den neuen Regelungen und Leitlinien von IFRS 15 auseinandersetzt. Ziel der Forschung ist es, die Auswirkung des neuen Standards IFRS 15 auf die Umsatzrealisierung in der Softwareindustrie zu untersuchen und einen Überblick über die vorhandene Literatur zu diesem Thema zu schaffen.

Die Bachelorarbeit lässt sich in vier Kapitel aufteilen. Im ersten Kapitel werden der Sinn und Zweck des Jahresabschlusses nach IFRS dargestellt. Das zweite Kapitel beschäftigt sich mit dem neuen Standard – IFRS 15. In Kapitel 3 wird erläutert, warum der Bezug auf branchenspezifische Vorschriften der US-GAAP, insbesondere auf ASC 606, zulässig ist. Das vierte Kapitel setzt sich mit den Besonderheiten der Umsatzrealisierung in der Softwarebranche unter Anwendung von IFRS 15 anhand von Beispielen auseinander.

---

[5] Vgl. EY: The new revenue recognition standard – software and cloud services, (2015), S.1-2
[6] Vgl. EY Scout: Im Fokus: der neue Standard zur Umsatzrealisierung, (2017), S.06-07

2 Sinn und Zweck des Jahresabschlusses nach IFRS

„Die die IFRS prägenden Leitprinzipien sind im „*Conceptual Framework*" angeführt. Als solche „*fundamental qualitative characteristics*" werden gennant „*relevance*" und „*faithful representation*". Relevanz der Information meint ihre Nützlichkeit für die Entscheidungen der Adressaten. Getreue Darstellung („*faithful representation*") erfordere, dass die gewährten Informationen „*complete, neutral and free from error*" sein müssen. Dabei soll „*neutral*" zu verstehen sein ohne einseitige Wertung von Informationsinteressen. Ergänzt werden die Grundanforderungen der Relevanz und der getreuen Darstellung durch die „*enhancing qualitative characteristics*" der „*comparibility*", „*verifiability*", „*understandability*" „*timeliness*"."[7]

Ziel der allgemeinen Finanzberichterstattung nach IFRS ist es, Finanzinformationen über das berichtende Unternehmen bereitzustellen, die für bestehende und potenzielle Investoren, Kreditgeber und andere Gläubiger bei Entscheidungen über die Bereitstellung von Ressourcen für das Unternehmen nützlich sind. Somit verfolgt der IFRS-Abschluss ausschließlich den Informationszweck. Allgemeine Finanzberichte sind nicht dazu bestimmt, den Wert eines berichtenden Unternehmens darzustellen. Stattdessen helfen sie den primären Adressaten, dessen aktuellen Wert einzuschätzen.[8]

Das Ziel der allgemeinen Finanzberichterstattung hat ein sehr umfassendes Konzept. Folglich gibt der International Accounting Standards Board Leitlinien vor, wie die zur Erreichung des Gesamtziels erforderlichen Beurteilungen vorgenommen werden können. Die qualitativen Merkmale nützlicher Finanzinformationen identifizieren die Arten von Informationen, die für bestehende und potenzielle Anleger, Kreditgeber und andere Gläubiger besonders nützlich sind.[9]

Finanzinformationen müssen sowohl relevant als auch glaubwürdig dargestellt sein. Die Glaubwürdigkeit und Relevanz der Informationen (*faithful representation*) stellen einen Teil der Grundsätze, die in IFRS verankert sind, dar. Finanzinformationen sind relevant, wenn sie in der Lage sind, die Entscheidungen der Adressaten zu beeinflussen.[10] Finanzinformationen können einen Unterschied in der Entscheidung ausmachen, wenn sie Vorhersagewert, bestätigenden Charakter oder beides haben. Der Vorhersagewert und der bestätigende Charakter von

---

[7] Moxter/Engel-Ciric: Grundsätze ordnungsgemäßer Bilanzierung, (2019), S.64
[8] Vgl. Buchholz: Grundzüge des Jahresabschlusses nach HGB und IFRS, (2016), S.238-239
[9] Vgl. Christian/Lüdenbach: IFRS Essentials, (2013), S.01 f.
[10] Vgl. Buchholz: Grundzüge des Jahresabschlusses nach HGB und IFRS, (2016), S.239-241

Finanzinformationen stehen in Beziehung zueinander. Sie müssen vollständig, neutral und fehlerfrei sein.[11]

Eine vollständige Darstellung umfasst alle Informationen, die ein Benutzer benötigt, um den dargestellten wirtschaftlichen Sachverhalt zu verstehen. Diese Informationen umfassen die erforderlichen Zahlenangaben, Erläuterungen und Erklärungen.[12]

In einer neutralen Darstellung werden Informationen weder verzerrt, gewichtet, hervorgehoben, herabgesetzt noch auf andere Weise manipuliert, um die Wahrscheinlichkeit zu erhöhen, dass die Informationen von Benutzern als günstig oder ungünstig empfangen werden.[13]

Frei von Fehlern bedeutet, dass es keine Fehler oder Auslassungen in der Beschreibung eines wirtschaftlichen Phänomens gibt und dass der Prozess, der zur Erstellung der berichteten Informationen verwendet wird, ausgewählt und ohne Fehler angewendet wurde. Dennoch bedeutet Fehlerfreiheit nicht, dass die Information in jeder Hinsicht perfekt ist. So gibt es beispielsweise immer eine gewisse Unsicherheit bei der Schätzung eines nicht beobachtbaren Preises oder Wertes.[14]

Eine wahrheitsgetreue Darstellung schließt Vorsichtsmaßnahmen aus, da sie vom IASB als im Widerspruch zur Neutralität stehend angesehen wird. Vergleichbarkeit, Verifizierbarkeit, Zeitnähe und Verständlichkeit sind qualitative Merkmale, die den Nutzen von Informationen verbessern und die getreue und korrekt dargestellt sind.[15]

Mit der Vergleichbarkeit der Informationen ist gemeint, dass Informationen über ein berichtendes Unternehmen sinnvoller sind, wenn sie mit ähnlichen Informationen desselben Unternehmens zu einem anderen Berichtszeitraum bzw. mit ähnlichen Informationen eines anderen Unternehmens verglichen werden können.[16] Verifizierbarkeit bedeutet, dass verschiedene sachverständige und unabhängige

---

[11] Vgl. IASB: The Conceptual Framework for Financial Reporting, (2010), QC12
[12] Vgl. Grant Thornton: IFRS News: Special Edition, (2018), S.04-05
[13] Vgl. Christian/Lüdenbach: IFRS Essentials, (2013), S.01 f.
[14] Vgl. Baetge/Kirsch/Thiele: Konzernbilanzen, (2011), S.81-82
[15] Vgl. Hoffmann/Lüdenbach: IAS/IFRS-Texte, (2017), S.15-16
[16] Vgl. Buchholz: Grundzüge des Jahresabschlusses nach HGB und IFRS, (2016), S.239

Beobachter einen Kompromiss erzielen können, auch wenn sie sich nicht unbedingt einig sind, dass eine bestimmte Darstellung eine getreue Darstellung bildet.[17]

Zeitnähe bedeutet, den Entscheidungsträgern rechtzeitig Informationen zur Verfügung zu stellen, damit diese ihre Entscheidungen beeinflussen können. Normalerweise gilt: Je älter die Informationen sind, desto weniger nützlich sind sie.[18]

Verständlichkeit der Informationen bedeutet, dass Informationen verständlich gestaltet werden müssen, indem sie klassifiziert, charakterisiert und klar und prägnant dargestellt werden.[19]

Finanzberichte werden für Benutzer erstellt, die über angemessene Kenntnisse des Geschäfts und der wirtschaftlichen Tätigkeit verfügen und die Finanzinformationen sorgfältig prüfen und analysieren.[20] Daher gilt: „Der Sinn und Zweck der IFRS-Gewinnermittlung liegt nicht in der Ermittlung eines ausschüttungsfähigen Gewinns, sondern in der Vermittlung entscheidungsnützlicher Informationen.".[21]

---

[17] Vgl. Kirsch: Einführung in die internationale Rechnungslegung nach IFRS, (2017), S.22
[18] Vgl. Christian/Lüdenbach: IFRS Essentials, (2013), S.05
[19] Vgl. Hoffmann/Lüdenbach: IAS/IFRS-Texte, (2017), S.15-16
[20] Vgl. Baetge/Kirsch/Thiele: Konzernbilanzen, (2011), S.81-82
[21] Moxter/Engel-Ciric: Grundsätze ordnungsgemäßer Bilanzierung, (2019), S.64

3 IFRS- *Revenue Recognition*

Der Standard IFRS 15 ersetzt die bis jetzt verwendeten Erlösstandards IAS 11 (Erlöse aus Fertigungsaufträgen) und IAS 18 (andere Umsatzerlöse) und ist für Geschäftsjahre, die am oder nach dem 01.01.2018 beginnen, anzuwenden.[22] IFRS 15 legt einen einheitlichen und umfassenden Rahmen fest, in dem die Bestimmung des Realisationszeitpunkts bzw. -zeitraums der Erlöse und die Bemessung der Höhe der Erlöse festgelegt sind.[23]

IFRS 15 ist nur für Erlöse gegenüber Kunden anzuwenden. Nach IFRS 15.A ist das der Fall, wenn

- eine Lieferung von Gütern erfolgt ist

oder

- eine Serviceleistung erbracht worden ist.[24]

Ausgenommen aus dem Anwendungsbereich des IFRS 15 sind:

- Erlöse aus Leasingverhältnissen nach IFRS 16,
- Erlöse aus Versicherungsverträgen nach IFRS 4,
- Erlöse aus Finanzinstrumenten nach IFRS 9,
- „Erlöse aus dem Tausch von nicht monetären Gütern zwischen Unternehmen, die im gleichen Geschäftsfeld tätig sind und den Tausch nur zum Zweck der Erleichterung der Kundenbelieferung vornehmen",
- Erlöse im Anwendungsbereich von IFRS 11, IAS 27 und IAS 28.[25]

Der Standard kann auch auf ein Portfolio von Verträgen oder Leistungsverpflichtungen angewendet werden, wenn das Unternehmen vernünftigerweise davon ausgeht, dass sich die Auswirkungen der Anwendung eines Portfolioansatzes nicht wesentlich von der Betrachtung der einzelnen Verträge oder Leistungsverpflichtungen unterscheiden würden.[26]

---

[22] Vgl. Braun/Fischer/Roos: Umsatzrealisierung nach HGB und IFRS, (2016), S.806
[23] Vgl. Schlüter/Schönhofer: §15. Gesamtergebnisrechnung/Gewinn- und Verlustrechnung, (2016), Rz.46-48
[24] Vgl. IFRS 15: Anhang A
[25] Vgl. Lüdenbach/Hoffmann: § 25 Erlöse aus Verträgen mit Kunden, (2019), Rz.13
[26] Vgl. PwC: Revenue from contracts with customers, (2014), Rz.9

3.1 Das Fünf-Schritte-Modell des IFRS

Gemäß IFRS 15.2 gilt als Kernprinzip dieses Standards, dass ein Unternehmen „die Erlöse in Höhe der Gegenleistung erfassen muss, die es im Austausch dieser Güter oder Dienstleistungen voraussichtlich erhalten wird".[27] Die Anwendung dieses Grundprinzips erfolgt in folgenden fünf Schritten:

1. Identifikation von Kundenverträgen
2. Identifikation der Leistungsverpflichtungen
3. Ermittlung des Transaktionspreises
4. Aufteilung des Transaktionspreises auf die Leistungsverpflichtungen
5. Erlösrealisierung mit Erfüllung der Leistungsverpflichtungen.[28]

Ein wesentlicher Aspekt zur Erfassung von Umsatzerlösen in dem Modell ist der Kontrollübergang. Nach IFRS 15.31 gilt ein Gut oder einer Dienstleistung als auf den Kunden übertragen[29], „wenn der Kunde die Verfügungsgewalt über diesen Vermögenswert erlangt"[30].

3.2 Identifikation von Kundenverträgen

Ein Vertrag ist eine Vereinbarung zwischen den Parteien, die durchsetzbare Rechte und Pflichten schafft. Es kann schriftlich, mündlich oder implizit durch die üblichen Geschäftsgepflogenheiten eines Unternehmens erfolgen. Im Allgemeinen erfüllt jede Vereinbarung, die durchsetzbare Rechte und Pflichten schafft, die Definition eines Vertrages.[31]

IFRS 15 wird auf Verträge mit Kunden angewandt, die alle folgenden Kriterien kumulativ erfüllen:

- Der Vertrag wurde schriftlich, mündlich oder in Übereinstimmung mit anderen üblichen Geschäftsgepflogenheiten genehmigt und die Parteien haben zugesagt, ihre Verpflichtungen aus dem Vertrag zu erfüllen.
- Die Rechte jeder Partei in Bezug auf die zu übertragenden Waren oder Dienstleistungen können identifiziert werden.

---

[27] IFRS 15.2
[28] Vgl. Hoffmann/Lüdenbach: IFRS 15, (2015), S.27
[29] Vgl. Hoffmann/Lüdenbach: IAS/IFRS-Texte, (2017), S.942-943
[30] IFRS 15.31
[31] Vgl. Kirsch: Einführung in die internationale Rechnungslegung nach IFRS, (2017), S.323

- Die Zahlungsbedingungen für die zu übertragenden Waren oder Dienstleistungen können identifiziert werden.
- Der Vertrag hat wirtschaftliche Substanz (d. h. das Risiko, der Zeitpunkt oder die Höhe der zukünftigen Cashflows des Unternehmens wird sich voraussichtlich infolge des Vertrags ändern).
- Es ist wahrscheinlich, dass die Gegenleistung für den Austausch der Waren oder Dienstleistungen, auf die das Unternehmen Anspruch hat, eingezogen wird. Dieses Kriterium erfüllt lediglich den Zweck, die Fähigkeit und Absicht des Kunden zu berücksichtigen, Beträge bei Fälligkeit zu zahlen.[32]

In IFRS 15.11 ist geregelt, dass der Standard auf die Dauer des Vertrages, in dem die Vertragsparteien derzeit durchsetzbare Rechte und Pflichten haben, angewendet wird.[33]

Falls ein Vertrag mit einem Kunden die in IFRS 15.9 genannten Kriterien nicht erfüllt, jedoch das Unternehmen bei diesem Vertrag vom Kunden eine Gegenleistung erhält, wird es nur dann als Umsatz erfasst, wenn einer der folgenden Punkte zutrifft:[34]

- Das Unternehmen hat keine weiteren vertraglichen Verpflichtungen zur Übertragung von Waren oder Dienstleistungen und die Gegenleistung ist ganz oder im Wesentlichen vollständig erhalten worden und kann nicht erstattet werden.
- Oder der Vertrag wurde gekündigt und die erhaltene Gegenleistung ist nicht rückerstattungsfähig.[35]

Dies hat zur Folge, dass ein Unternehmen die von einem Kunden erhaltene Gegenleistung als Verbindlichkeit bilanzieren muss, bis die Kriterien in IFRS 15.9 erfüllt sind oder einer der Punkte in IFRS 15.15 eintritt.[36]

Darüber hinaus werden Verträge mit Kunden, die die fünf Kriterien nicht erfüllen, kontinuierlich daraufhin überprüft, ob diese die Kriterien später erfüllen. Erfüllt ein Vertrag dagegen die fünf Kriterien, wird er nur dann neu bewertet, wenn ein

---

[32] Vgl. IFRS 15.9
[33] Vgl. KPMG: Revenue Issues In-Depth, (2016), S.32
[34] Vgl. Lüdenbach/Hoffmann: § 25 Erlöse aus Verträgen mit Kunden, (2019), Rz. 24
[35] Vgl. IFRS 15.15
[36] Vgl. Hoffmann/Lüdenbach: IAS/IFRS-Texte, (2017), S.945

Hinweis auf eine wesentliche Änderung des Sachverhalts oder der Umstände vorliegt.[37] Dies kann beispielsweise der Fall sein, wenn sich die Fähigkeit eines Kunden, die Gegenleistung zu erbringen, erheblich verschlechtert, was bedeutet, dass der Kunde nicht mehr in der Lage ist, bei Fälligkeit zu zahlen. Infolgedessen muss das Unternehmen erneut beurteilen, ob der Erhalt der Gegenleistung vom Kunden für die noch zu übertragenden Güter oder Dienstleistungen wahrscheinlich ist.[38]

Ein Vertrag wird nach IFRS 15.12 als unwirksam gekennzeichnet, wenn jede Vertragspartei das einseitig durchsetzbare Recht hat, einen vollständig nicht erfüllten Vertrag zu kündigen ohne die andere Partei zu entschädigen.[39] Wenn die beiden folgenden Kriterien erfüllt sind, wird der Vertrag als von keiner Seite erfüllt betrachtet:

- Das Unternehmen hat die zugesagten Güter oder Dienstleistungen noch nicht auf den Kunden übertragen.
- Und das Unternehmen hat eine Gegenleistung für zugesagte Güter oder Dienstleistungen noch nicht vom Kunden erhalten und auch kein Recht darauf.[40]

3.2.1 Zusammenfassung von Verträgen

Für Zwecke der Bilanzierung nach IFRS 15 sind zwei oder mehrere Verträge, die zur gleichen Zeit oder in zeitlicher Nähe mit demselben Kunden (oder nahestehenden Parteien des Kunden) abgeschlossen wurden, zusammenzufassen und als ein einziger Vertrag zu bilanzieren,[41] wenn ein oder mehrere der folgenden Kriterien erfüllt sind:

- Die Verträge erreichen einen einzigen wirtschaftlichen Zweck und werden als Paket verhandelt.
- Die Höhe der Gegenleistung in einem Vertrag hängt vom Preis oder von der Erfüllung des anderen Vertrags ab. Oder

---

[37] Vgl. Deloitte: Revenue from Contracts with Customers, (2018), S.44 ff.
[38] Vgl. Schlüter/Schönhofer: §15. Gesamtergebnisrechnung/Gewinn- und Verlustrechnung, (2016), Rz.51
[39] Vgl. Hoffmann/Lüdenbach: IFRS 15, (2015), S.13
[40] Vgl. IFRS 15.12
[41] Vgl. Lüdenbach/Hoffmann: § 25 Erlöse aus Verträgen mit Kunden, (2019), Rz.40

- die in den Verträgen versprochenen Waren oder Dienstleistungen (oder einige der Waren oder Dienstleistungen) stellen gemäß Paragrafen 22-30 eine einzige Leistungspflicht dar.[42]

3.2.2 Vertragsänderungen und Vertragsergänzungen

Eine Vertragsänderung liegt vor, wenn die Parteien eine Änderung genehmigen, die entweder neue durchsetzbare Rechte und Pflichten schafft oder schon bestehende ändert. Die Genehmigung kann schriftlich, mündlich oder im Rahmen der üblichen Geschäftsgepflogenheiten erfolgen.[43] Das Unternehmen muss bestimmen, ob die Änderung einen separaten Vertrag schafft oder ob sie als Teil des bestehenden Vertrages berücksichtigt werden muss. Gemäß IFRS 15.20 wird eine Vertragsänderung als separater Vertrag bilanziert, wenn die Änderung im Rahmen des Vertrags eine oder mehrere unterschiedliche Leistungsverpflichtungen hinzufügt (IFRS 15.20(a)) und der Preis um den Betrag erhöht wird, der den eigenständigen Verkaufspreis der zusätzlichen, individuellen Leistungsverpflichtung widerspiegelt (IFRS 15.20(b)).[44] Eine Vertragsmodifikation, die die Kriterien in IFRS 15.20 nicht erfüllt, wird als Änderung des ursprünglichen Vertrags betrachtet. Die Vertragsänderung wird dann entweder als Beendigung des ursprünglichen und Schaffung eines neuen Vertrags oder als Fortsetzung des ursprünglichen Vertrags (oder einer Kombination aus beiden) behandelt, je nachdem, ob die nach den Vertragsmodifikationen noch zu erbringenden Leistungen eigenständig abgrenzbar sind oder nicht.[45]

3.3 Identifizierung der Leistungsverpflichtungen

Die Umsatzerlöse werden nur dann erfasst, wenn die separaten Leistungsverpflichtungen erbracht wurden. Dies bedeutet, dass die Unternehmen jeden Vertrag darauf überprüfen müssen, welche eigenständigen Leistungen in dem Vertrag enthalten sind.[46] Gemäß IFRS 15.22 besteht eine Leistungsverpflichtung entweder aus:

---

[42] Vgl. IFRS 15.17
[43] Vgl. Schlüter/Schönhofer: §15. Gesamtergebnisrechnung/Gewinn- und Verlustrechnung, (2016), Rz. 52
[44] Vgl. Deloitte: Revenue from Contracts with Customers, (2018), S.175f.
[45] Vgl. Hoffmann/Lüdenbach: IAS/IFRS-Texte, (2017), S.945-946
[46] Vgl. Lüdenbach/Hoffmann: § 25 Erlöse aus Verträgen mit Kunden, (2019), Rz.50

- einem eigenständig abgrenzbaren Gut oder einer eigenständig abgrenzbaren Dienstleistung (oder einem eigenständig abgrenzbaren Bündel), oder[47]
- „aus einem Güterbündel, das aus identischen Gütern besteht, die zwar untereinander abgrenzbar sind, aber alle in einer zeitlichen Abfolge in bestimmten Schritten auf dieselbe Art und Weise auf den Kunden übertragen werden, und deshalb zusammen eine separate Leistungsverpflichtung bilden.". [48,49]

Nachdem in Schritt 1 der Vertrag mit einem Kunden identifiziert wurde, muss das bilanzierende Unternehmen die Vertragsbedingungen und ggf. seine üblichen Geschäftsgepflogenheiten evaluieren, um alle zugesagten Waren oder Dienstleistungen innerhalb des Vertrags zu identifizieren und festzustellen, welche dieser zugesagten Güter oder Dienstleistungen (oder Bündel) als separate Leistungsverpflichtungen behandelt werden.[50] Die Aufspaltung von Mehrkomponentenverträgen in separate Leistungsverpflichtungen gilt ausnahmslos.[51]

Gemäß IFRS 15.27 ist ein einem Kunden zugesagtes Gut oder eine zugesagte Dienstleistung (oder ein Bündel von Gütern und Dienstleistungen) eigenständig abgrenzbar, wenn der Kunde aus der Ware oder Dienstleistung allein oder zusammen mit anderen jederzeit verfügbaren Ressourcen Nutzen ziehen kann (abstrakte Eigenständigkeit) und das Gut oder die Dienstleistung getrennt von anderen Zusagen im Vertrag identifizierbar ist (konkrete Eigenständigkeit), d. h. das Gut oder die Dienstleistung sind eigenständig abgrenzbar.[52] Bei der Prüfung des zweiten Kriteriums in IFRS 15.27 soll festgestellt werden, ob im Vertrag zugesagt wird, jede dieser Güter oder Dienstleistungen einzeln zu übertragen oder stattdessen ein Bündel, das aus den im Vertrag zugesagten Güter oder Dienstleistungen besteht, zu übertragen.[53]

---

[47] Vgl. IFRS 15.22
[48] Breidenbach: Präzisierung zu IFRS 15, (2016), S.854
[49] Vgl. IFRS 15.22(b) i. V. m. IFRS 15.23
[50] Vgl. Kirsch: Einführung in die internationale Rechnungslegung nach IFRS, (2017), S.325-326
[51] Vgl. Grünberger: IFRS 2019, (2018), S.103ff.
[52] Vgl. Nardmann, Geberth, Hausmann: Die Klarstellung des IASB zu IFRS 15 – eine Hilfe für die Praxis?, (2016), S.321
[53] Vgl. Hoffmann/Lüdenbach: IAS/IFRS-Texte, (2017), S.945-946

IFRS 15.29 nennt drei Faktoren, die darauf hindeuten, dass zwei oder mehr Zusagen zur Übertragung von Waren oder Dienstleistungen an einen Kunden trennbar sind.[54]

Gemäß IFRS 15.30 muss, wenn ein Gut oder eine Dienstleistung nicht eigenständig abgrenzbar ist, das Unternehmen so lange diese Güter oder Dienstleistungen mit anderen im Vertrag zugesagten Gütern oder Dienstleistungen kombinieren bis ein eigenständig abgrenzbares Leistungsbündel aus diesen Gütern oder Dienstleistungen entsteht.[55] In bestimmten Fällen kann es sein, dass alle im Vertrag zugesagten Güter oder Dienstleistungen als eine einzige Leistungsverpflichtung bilanziell erfasst werden. Eine Leistungsverpflichtung, die mehrere Güter oder Dienstleistungen beinhaltet, wird auch als Mehrkomponentengeschäft bezeichnet.[56]

3.3.1 Gesetzliche Garantiepflichten und Nachbetreuungsleistungen

Unternehmen gewähren häufig eine Garantie im Zusammenhang mit dem Verkauf von Produkten. Die Art der Garantie kann je nach Branche und Vertrag erheblich variieren. Einige Garantien geben dem Kunden die Sicherheit, dass das betreffende Produkt wie von den Parteien beabsichtigt funktioniert.[57] Andere Garantien bieten dem Kunden eine Dienstleistung, die über die Zusicherung hinausgeht, dass das Produkt den vereinbarten Spezifikationen entspricht. Wenn der Kunde eine Garantie separat erwerben kann, handelt es sich bei dieser Garantie um eine eigenständige Leistungsverpflichtung, da das Unternehmen im Vertrag zugesagt hat, diese Dienstleistung zusätzlich zum Produkt zu erbringen.[58] Dies hat zur Folge, dass der auf sie entfallende Teil des Transaktionspreises über den Garantiezeitraum abzugrenzen ist.[59] Im Endeffekt stellen die gesetzlichen Garantiepflichten keine separate Leistungsverpflichtung dar. Die erweiterte Garantie hingegen stellt i. d. R. eine separate Leistungsverpflichtung dar.[60] Falls ein Unternehmen sowohl eine gesetzliche Garantie als auch eine erweiterte Garantie verspricht, diese jedoch nicht in

---

[54] Vgl. IFRS 15.29
[55] Vgl. Lüdenbach/Hoffmann: § 25 Erlöse aus Verträgen mit Kunden, (2019), Rz. 51
[56] Vgl. Breidenbach: Realisation von Umsatzerlösen nach IFRS 15, (2014), S.634 f.
[57] Vgl. Deloitte: Revenue from Contracts with Customers, (2018), S.67f.
[58] Vgl. EY Scout: Im Fokus: der neue Standard zur Umsatzrealisierung, (2017), S.305ff.
[59] Vgl. IFRS 15.B29
[60] Vgl. Kirsch: Einführung in die internationale Rechnungslegung nach IFRS, (2017), S.326

angemessener Weise abgrenzen kann, werden beide Garantien als eine eigenständige Leistungsverpflichtung bilanziert.[61]

„Vertragliche Regelungen zur Nachbetreuung führen zum gleichen Ergebnis, so etwa kostenfreie Inspektionen sowie Service- und Reparaturleistungen im Kfz-Handel. Im Bereich der Softwareindustrie wäre etwa einschlägig der Verkauf von Software i. V. m. Wartungsleistungen sowie Optionen auf Upgrades."[62]

3.3.2 Optionen auf zusätzliche Leistungen

Kundenoptionen, um zusätzliche Waren oder Dienstleistungen kostenlos oder mit einem Rabatt zu erwerben, gibt es in zahlreichen Formen einschließlich Prämien, Vertragsverlängerungsoptionen oder anderen Rabatten für zukünftige Güter oder Dienstleistungen.[63] Wenn ein Vertrag dem Kunden eine Option zum Erwerb zusätzlicher Güter oder Dienstleistungen einräumt, begründet diese Option eine Leistungsverpflichtung im Vertrag, wenn sie dem Kunden ein wesentliches Recht einräumt, das der Kunde ohne Abschluss dieses Vertrages nicht erhalten hätte.[64] Wenn die Option dem Kunden ein wesentliches Recht gewährt, zahlt der Kunde dem Unternehmen tatsächlich im Voraus für zukünftige Güter oder Dienstleistungen. Daher sollte das Unternehmen, die der Option zugeordneten Erträge zurückstellen bis diese Option ausgeübt wird oder bis zu deren Auslaufen.[65] Wenn der Betrag, den der Kunde für das zusätzliche Gut oder die zusätzliche Dienstleistung zahlen würde, den Einzelverkaufspreis für diese Ware widerspiegelt, gibt die Option dem Kunden kein materielles Recht, auch wenn die Option nur durch Abschluss eines vorherigen Vertrags ausgeübt werden kann. Unter diesen Umständen hat das Unternehmen lediglich ein Marketingangebot unterbreitet und dieses wird gemäß IFRS 15 nur dann bilanziell erfasst, wenn der Kunde von der Option Gebrauch macht, die zusätzlichen Waren oder Dienstleistungen zu erwerben.[66] Falls der Betrag, den der Kunde für das zusätzliche Gut oder die zusätzliche Dienstleistung unter dem Einzelveräußerungspreis liegt, begründet diese Option ein wesentliches Recht und wird als eine eigenständige Leistungsverpflichtung betrachtet. In dieser

---

[61] Vgl. Lüdenbach/Hoffmann: § 25 Erlöse aus Verträgen mit Kunden, (2019), Rz.65ff.
[62] Lüdenbach/Hoffmann: § 25 Erlöse aus Verträgen mit Kunden, (2019), Rz.66.
[63] Vgl. BDO: IFRS in Practice 2019, (2019), S.96
[64] Vgl. KPMG: Revenue Issues In-Depth, (2016), S.269-270
[65] Vgl. Lüdenbach/Hoffmann: § 25 Erlöse aus Verträgen mit Kunden, (2019), Rz.75
[66] Vgl. EY: A closer look at the new revenue recognition standard, (2017), S.104 f.

Situation wird der Transaktionspreis nach den Regelungen für Mehrkomponentengeschäfte auf die jetzige Leistung und die gewährte Option aufgeteilt.[67]

3.3.3 Ermittlung des Transaktionspreises

Der Transaktionspreis ist der Betrag der Gegenleistung, auf den ein Unternehmen im Austausch für die Waren oder Dienstleistungen voraussichtlich Anspruch hat. Dies entspricht oft dem im Vertrag angegebenen Betrag.[68] Der Transaktionspreis kann feste Beträge, variable Beträge oder beides beinhalten. Bei der Bestimmung des Transaktionspreises werden sowohl die Vertragsbedingungen als auch die üblichen Geschäftsgepflogenheiten der Berechtigten berücksichtigt.[69,70]

Die Schätzung des Transaktionspreises wird von der Art, dem Zeitpunkt und der Höhe der vom Kunden zugesagten Gegenleistung beeinflusst. Bei der Ermittlung des Transaktionspreises sind die Auswirkungen aller folgenden Faktoren zu berücksichtigen:[71]

- „variable Gegenleistungen,
- Begrenzung der Schätzung variabler Gegenleistungen,
- Bestehen einer signifikanten Finanzierungskomponente im Vertrag,
- nicht zahlungswirksame Gegenleistungen und
- an einen Kunden zu zahlende Gegenleistungen"[72]

3.3.4 Variable Gegenleistungen

Wenn die Gegenleistung einen variablen Betrag beinhaltet, verpflichtet IFRS 15.50 die Unternehmen, den Betrag dieser Gegenleistung zu schätzen, auf den es im Austausch für die Übertragung der versprochenen Waren oder Dienstleistungen an den Kunden Anspruch hat.[73] Eine variable Gegenleistung kann aus einer Vielzahl von Gründen anfallen, einschließlich Nachlässen, Rabatten, Rückerstattungen, Gutschriften, Preiszugeständnissen, Anreizen, Leistungsprämien, Strafen oder

---

[67] Vgl. BDO: IFRS in Practice 2019, (2019), S.96
[68] Vgl. Schlüter/Schönhofer: §15. Gesamtergebnisrechnung/Gewinn- und Verlustrechnung, (2016), Rz.55-56
[69] Vgl. Zülch: Ertragsrealisation (IFRS), (2016), S.8
[70] Vgl. IFRS 15.47
[71] Vgl. IFRS 15.48
[72] IFRS 15.48
[73] Vgl. EY: A closer look at the new revenue recognition standard, (2017), S.117 ff.

Ähnlichen.[74] Wenn die in einem Vertrag mit einem Kunden zugesagte Gegenleistung einen variablen Betrag beinhaltet, muss das Unternehmen nach IFRS 15.53 den Betrag schätzen, auf den es im Austausch für die Übertragung der zugesagten Waren oder Dienstleistungen Anspruch hat.[75] IFRS 15.53 gibt des Weiteren zwei Methoden zur Auswahl. Es muss die Methode angewendet werden, die „das Unternehmen zu diesem Zweck für die beste hält."[76] Die beiden zur Auswahl stehenden Methoden sind:

- Erwartungswertmethode – „Der Erwartungswert ist die Summe der wahrscheinlichkeitsgewichteten Beträge aus einer Vielzahl möglicher Beträge für die Gegenleistung."[77] Dies kann angemessen sein, wenn das Unternehmen eine große Anzahl von Verträgen mit ähnlichen Merkmalen hat.[78]

- Wahrscheinlichster Betrag – „Der wahrscheinlichste Betrag ist der einzelne Betrag mit der höchsten Eintrittswahrscheinlichkeit aus einer Vielzahl möglicher Gegenleistungen."[79] Die Anwendung dieser Methode kann sinnvoll sein, wenn ein Vertrag z. B. zwei mögliche Ergebnisse hat.[80]

Bei der Schätzung der Auswirkung einer Unsicherheit auf die Höhe der variablen Gegenleistung muss das Unternehmen die gewählte Methode durchgängig auf den gesamten Vertrag anwenden.[81]

3.3.5 Signifikante Finanzierungskomponente im Vertrag

Zur Bestimmung des Transaktionspreises wird eine zugesagte Gegenleistung um die Auswirkungen des Zeitwerts des Geldes angepasst, wenn der von den Vertragsparteien vereinbarte Zeitpunkt der Zahlungen dem Kunden einen wesentlichen Nutzen aus der Finanzierung des Transfers von Waren oder Dienstleistungen verschafft. In diesem Fall ist eine signifikante Finanzierungskomponente Teil des Vertrages.[82]

---

[74] Vgl. Braun/Fischer/Roos: Umsatzrealisierung nach HGB und IFRS, (2016), S.810
[75] Vgl. Lüdenbach/Hoffmann: § 25 Erlöse aus Verträgen mit Kunden, (2019), Rz.109 f.
[76] Vgl. IFRS 15.53
[77] IFRS 15.53 a)
[78] Vgl. IFRS 15.53
[79] IFRS 15.53 b)
[80] Vgl. IFRS 15.53
[81] Vgl. Hoffmann/Lüdenbach: IAS/IFRS-Texte, (2017), S.953 f.
[82] Vgl. EY Scout: Im Fokus: der neue Standard zur Umsatzrealisierung, (2017), S.164-165

Ziel der Anforderung nach IFRS 15.60 ist es, dass ein Unternehmen Umsatzerlöse in Höhe des Preises erfasst, den ein Kunde gezahlt hätte, wenn der Kunde die Waren oder Dienstleistungen in bar bezahlt hätte, sofern sie an ihn übertragen worden wären.[83]

Bei der Beurteilung, ob ein Vertrag eine Finanzierungskomponente enthält und ob diese Finanzierungskomponente für den Vertrag von signifikanter Bedeutung ist, sollten alle relevanten Fakten und Umstände berücksichtigt werden.[84] IFRS 15.61 nennt unter anderem folgende relevant Faktoren:

- „die etwaige Differenz zwischen der Höhe der zugesagten Gegenleistungen und dem Barverkaufspreis der zugesagten Güter oder Dienstleistungen; und
- den kombinierten Effekt aus
- der erwarteten Zeitspanne zwischen der Übertragung der zugesagten Güter oder Dienstleistungen auf den Kunden und der Bezahlung dieser Güter und Dienstleistungen durch den Kunden; und
- dem marktüblichen Zinssatz."[85]

Wenn das Unternehmen bei Vertragsbeginn erwartet, dass der Zeitraum zwischen der Übergabe einer Ware und der Zahlung durch den Kunden ein Jahr oder weniger beträgt, ist nach IFRS keine Anpassung der Gegenleistung für die Auswirkungen einer wesentlichen Finanzierungskomponente erforderlich.[86]

3.4 Aufteilung des Transaktionspreises auf die Leistungsverpflichtungen

Nachdem in Schritt 2 die Leistungsverpflichtungen identifiziert und der Transaktionspreis in Schritt 3 festgelegt wurde, muss das Unternehmen den Transaktionspreis den einzelnen Leistungsverpflichtungen zuordnen. Gemäß IFRS 15.73 muss der auf die einzelne Leistungsverpflichtung aufgeteilte Transaktionspreis der Gegenleistung entsprechen,[87] „die ein Unternehmen im Austausch für die Übertragung der zugesagten Güter oder Dienstleistungen auf einen Kunden voraus-

---

[83] Vgl. Kirsch: Einführung in die internationale Rechnungslegung nach IFRS, (2017), S.328
[84] Vgl. Lüdenbach/Hoffmann: § 25 Erlöse aus Verträgen mit Kunden, (2019), Rz.101
[85] IFRS 15.61
[86] Vgl. Hoffmann/Lüdenbach: IAS/IFRS-Texte, (2017), S.954-955
[87] Vgl. Hoffmann/Lüdenbach: IFRS 15, (2015), S.14

sichtlich erhalten wird."[88] Im Allgemeinen erfolgt das im Verhältnis zu den eigenständigen Verkaufspreisen der zugesagten Güter oder Dienstleistungen. Davon ausgenommen sind gemäß IFRS 15.74 die Zuordnung von Preisnachlässen und Gegenleistungen mit variabler Vergütung. [89]

3.4.1 Bestimmung des Einzelveräußerungspreises

IFRS 15.76 verpflichtet das Unternehmen, bei Vertragsabschluss den Einzelveräußerungspreis jeder eigenständigen Leistungsverpflichtung zu bestimmen und den Transaktionspreis proportional zu diesen Einzelveräußerungspreisen aufzuteilen.[90]

Der Einzelveräußerungspreis ist der Preis, zu dem ein Verkäufer ein Gut oder eine Dienstleistung separat an einen Kunden verkaufen würde. Der beste Indikator für den Einzelverkaufspreis ist der beobachtbare Preis eines Gutes oder einer Dienstleistung, die unter ähnlichen Umständen und an ähnliche Kunden verkauft werden. In zahlreichen Fällen entspricht der Einzelveräußerungspreis dem im Vertrag festgelegten Preis oder dem Listenpreis.[91]

Wenn der eigenständige Verkaufspreis nicht direkt beobachtbar ist, muss das Unternehmen nach IFRS 15.78 diesen schätzen. Ziel dieser Schätzung ist es, den Wert der Gegenleistung zu bestimmen, den der Verkäufer als Gegenleistung für das Gut oder die Dienstleistung erwartet.[92] Dies wird durch die Verwendung aller verfügbaren Informationen einschließlich Marktbedingungen, herstellerspezifischer Faktoren und Informationen über den Kunden oder die Kundenkategorie erreicht. In allen Fällen ist es erforderlich, die Verwendung von beobachtbaren Input-Faktoren so weit wie möglich zu maximieren.

IFRS 15.79 verweist auf drei Methoden, die zur Schätzung des Einzelveräußerungspreises geeignet sind.[93] Die Methoden sind u. a. folgende:

---

[88] IFRS 15.73
[89] Vgl. Deloitte: IFRS fokussiert, (2014), S.8
[90] Vgl. Schlüter/Schönhofer: §15. Gesamtergebnisrechnung/Gewinn- und Verlustrechnung, (2016), Rz.57
[91] Vgl. Lüdenbach/Hoffmann: § 25 Erlöse aus Verträgen mit Kunden, (2019), Rz.129
[92] Vgl. Kirsch: Einführung in die internationale Rechnungslegung nach IFRS, (2017), S.329
[93] Vgl. Breidenbach: Präzisierung zu IFRS 15, (2016), S.859

- ‚Adjusted-market-assessment'-Ansatz: Das Unternehmen muss den Markt, auf dem es seine Güter oder Dienstleistungen verkauft, analysieren und den Preis schätzen, den die Kunden auf dem Markt zu zahlen bereit sind.[94]
- ‚Expected-cost-plus-a-margin'-Ansatz: Das Unternehmen muss die Kosten für die Erfüllung der Leistungsverpflichtung schätzen und schlägt dann eine angemessene Marge auf.[95]
- Residualwertansatz: Das Unternehmen schätzt den Einzelveräußerungspreis, indem es vom gesamten Vertragspreis die beobachtbaren Einzelverkaufspreise, die für die andere Güter oder Dienstleistungen im Vertrag stehen, abzieht. Diese Methode ist anzuwenden, wenn eines der folgenden Kriterien erfüllt ist:[96]
- „das Unternehmen verkauft das gleiche Gut oder die gleiche Dienstleistung zu unterschiedlichen Preisen (...) an verschiedenen Kunden (...); oder"[97]
- oder „das Unternehmen hat für dieses Gut oder diese Dienstleistung noch keinen Preis bestimmt und das Gut oder die Dienstleistung wurden in der Vergangenheit noch nicht separat verkauft (...)".[98]

„Enthält ein Vertrag neben Komponenten, die IFRS 15 unterliegen, auch solche, die nach anderen Standards zu bilanzieren und zu bewerten sind, muss der Transaktionspreis gem. IFRS 15.7(a) zunächst um den nach dem anderen Standard ermittelten Wert bereinigt werden."[99]

3.4.2 Zuordnung von Preisnachlässen und Aufteilung variabler Gegenleistungen

Wenn die Summe der Einzelverkaufspreise, unter der Summe der Werte der im Vertrag versprochenen Güter oder Dienstleistungen liegt, hat der Kunde einen Rabatt für den Kauf eines Bündels von Waren oder Dienstleistungen erhalten.[100] Der Rabatt sollte anteilig auf alle Leistungsverpflichtungen im Vertrag verteilt werden,

---

[94] Vgl. IFRS 15.79 a)
[95] Vgl. IFRS 15.79 b)
[96] Vgl. IFRS 15.79 c)
[97] IFRS 15.79 c) i)
[98] IFRS 15.79 c) ii)
[99] Lüdenbach/Hoffmann: § 25 Erlöse aus Verträgen mit Kunden, (2019), Rz.130
[100] Vgl. Deloitte: Implementing IFRS 15 Revenue from Contracts with Customers, (2015), S.10

es sei denn, es gibt erkennbare Anhaltspunkte dafür, dass sich der gesamte Rabatt nicht auf alle Leistungsverpflichtungen im Vertrag bezieht.[101]

„Ausnahmsweise ist jedoch eine Zuordnung des Preisnachlasses zu lediglich einem Teil der Leistungsverpflichtungen erforderlich, wenn alle Leistungsverpflichtungen regelmäßig auch einzeln angeboten werden und dabei für eine Teilmenge der Gesamtleistung ein Preisnachlass vereinbart wird, der dem gesamten Preisnachlass des Vertrags entspricht."[102]

Eine variable Gegenleistung kann entweder auf den gesamten Vertrag oder auf einen oder auf mehrere spezifischen Teile des Vertrags entfallen[103], wie z. B.:

- auf eine oder mehrere, jedoch nicht alle Leistungsverpflichtungen innerhalb des Vertrags[104]
- oder auf eine oder mehrere, jedoch nicht alle eigenständig abgrenzbaren Güter oder Dienstleistungen, die aus einer Reihe eigenständig abgrenzbarer Güter oder Dienstleistungen zugesagt wurden, die gemäß Paragraf 22(b) Teil einer einzigen Leistungsverpflichtung sind.[105]

3.4.3 Änderung des Transaktionspreises

Der Transaktionspreis kann sich nach Vertragsabschluss aus unterschiedlichen Gründen ändern, einschließlich des Eintritts unsicherer Ereignisse oder anderer Veränderungen der Umstände.[106] IFRS 15.88 deutet darauf hin, dass nachträgliche Änderungen des Transaktionspreises auf der gleichen Basis wie bei Vertragsbeginn behandelt werden. Infolgedessen wird der Transaktionspreis nicht neu zugeordnet, um Änderungen der Einzelverkaufspreise nach Vertragsbeginn zu berücksichtigen.[107] Beträge, die einer erfüllten Leistungsverpflichtung zugeordnet sind, werden in der Periode, in der sich der Transaktionspreis ändert, als Ertrag oder als Minderung des Umsatzes erfasst.[108] Eine Änderung des Transaktionspreises wird einer oder mehreren, jedoch nicht allen Leistungsverpflichtungen in einer Reihe,

---

[101] Vgl. Hoffmann/Lüdenbach: IFRS 15, (2015), S.14-15
[102] Lüdenbach/Hoffmann: § 25 Erlöse aus Verträgen mit Kunden, (2019), Rz.131
[103] Vgl. Hoffmann/Lüdenbach: IAS/IFRS-Texte, (2017), S.959
[104] Vgl. IFRS 15.84 a)
[105] Vgl. IFRS 15.84 b)
[106] Vgl. Deloitte: Revenue from Contracts with Customers, (2018), S.142
[107] Vgl. BDO: IFRS in Practice 2019, (2019), S.83
[108] Vgl. Deloitte: IFRS fokussiert, (2014), S.8

die Teil einer einzigen Leistungsverpflichtung gemäß IFRS 15.22(b) sind, nur dann vollständig zugeordnet, wenn die Kriterien in IFRS 15.85 zur Zuordnung variabler Gegenleistungen erfüllt sind.[109]

3.5 Umsatzrealisierung mit Erfüllung der Leistungsverpflichtungen

Der letzte Schritt im Fünf-Stufen-Modell ist die Umsatzrealisierung. Gemäß IFRS 15.31 wird ein Unternehmen Umsatzerlöse erfassen, wenn ein Gut oder eine Dienstleistung an den Kunden übertragen werden und der Kunde die Verfügungsgewalt über diese Ware oder Dienstleistung erlangt.[110] Es wird in IFRS 15.33 geregelt, dass sich die Kontrolle über einen Vermögenswert auf die Fähigkeit eines Unternehmens bezieht, die Nutzung des Vermögenswerts zu bestimmen und im Wesentlichen alle verbleibenden Nutzen aus dem Vermögenswert zu ziehen. Die Verfügungsgewalt beinhaltet auch die Fähigkeit, andere Unternehmen daran zu hindern, die Nutzung eines Vermögenswertes zu bestimmen und den Nutzen aus ihm zu ziehen.[111] In IFRS 15.33 wird weiterhin erklärt, dass der Nutzen eines Vermögenswertes die potenziellen Cashflows sind, die direkt oder indirekt auf vielfältige Weise erzielt werden können, wie z. B.

- den Vermögenswert zur Erzeugung von Gütern oder Erbringung von Dienstleistungen nutzen;
- den Vermögenswert zur Aufwertung anderer Vermögenswerte nutzen;
- den Vermögenswert veräußern oder tauschen;
- den Vermögenswert hält etc.[112]

Das Unternehmen soll bei Vertragsbeginn bestimmen, ob die Kontrolle über ein Gut oder eine Dienstleistung über einen bestimmten Zeitraum oder zu einem bestimmten Zeitpunkt übertragen wird. Diese Bestimmung soll die Übertragung der Nutzung auf den Kunden darstellen und aus Kundensicht bewertet werden.[113] Es muss zunächst beurteilt werden, ob die Leistungsverpflichtung über einen bestimmten Zeitraum erfüllt wird.

---

[109] Vgl. Hoffmann/Lüdenbach: IAS/IFRS-Texte, (2017), S.960
[110] Vgl. Lüdenbach/Hoffmann: § 25 Erlöse aus Verträgen mit Kunden, (2019), Rz.135
[111] Vgl. PwC: Revenue from contracts with customers, (2014), Rz.56
[112] Vgl. IFRS 15.33
[113] Vgl. EY Scout: Im Fokus: der neue Standard zur Umsatzrealisierung, (2017), S.221

Wenn das nicht der Fall ist, wird die Leistungsverpflichtung zu einem bestimmten Zeitpunkt erfüllt, wobei die Risiken und Chancen nur als Indikator für den Übergang der Kontrolle beibehalten werden.[114]

3.5.1 Umsatzrealisierung über einen bestimmten Zeitraum

Gemäß IFRS 15.35 erfasst ein Unternehmen die Umsatzerlöse über einen bestimmten Zeitraum, wenn eines der folgenden Kriterien erfüllt ist:

- Dem Kunden fließt der Nutzen aus der Leistung des Unternehmens zu und er nutzt gleichzeitig die Leistung, während diese erbracht wird.
- Die Leistung des Unternehmens erstellt oder verbessert einen vom Kunden kontrollierten Vermögenswert.
- Die Leistung des Unternehmens erstellt einen Vermögenswert, der keine alternativen Nutzungsmöglichkeiten für das Unternehmen aufweist, und das Unternehmen hat ein Recht auf Zahlung für die bisher erbrachte Leistung.[115]

Das erste Kriterium bezieht sich im Allgemeinen auf Serviceverträge, bei denen kein Vermögenswert erstellt wird und der Kunde die Dienstleistung so nutzt wie sie bereitgestellt wird. Die Leistungsverpflichtung ist über einen Zeitraum erfüllt, wenn ein anderes Unternehmen, die bis dahin erbrachten Leistungen nicht wesentlich erneut erbringen müsste, um die verbleibende Verpflichtung gegenüber dem Kunden zu erfüllen.[116]

Das zweite Kriterium betrifft Transaktionen, bei denen ein Vermögenswert erstellt oder verbessert wird und der Kunde diesen Vermögenswert beim Erstellen kontrolliert. Dies gilt in Situationen, in denen der Kunde die laufenden Arbeiten kontrolliert, während das Unternehmen Waren herstellt.[117]

Das letzte Kriterium befasst sich mit Situationen, in denen der Kunde einen Vermögenswert bei seiner Erstellung nicht kontrolliert oder durch die Leistung des Unternehmens kein Vermögenswert erstellt wird. Es ist zu prüfen, ob der zu erstellende Vermögenswert eine alternative Nutzungsmöglichkeit für das Unternehmen

---

[114] Vgl. BDO: IFRS in Practice 2019, (2019), S.61
[115] Vgl. IFRS 15.35
[116] Vgl. Lüdenbach/Hoffmann: § 25 Erlöse aus Verträgen mit Kunden, (2019), Rz.141
[117] Vgl. Kirsch: Einführung in die internationale Rechnungslegung nach IFRS, (2017), S.331

hat (falls ein Vermögenswert erstellt wird) und ob das Unternehmen ein durchsetzbares Recht auf Zahlung für die bisher erbrachte Leistungen hat.[118]

Wenn eines oder mehrere dieser Kriterien erfüllt sind, erfasst das Unternehmen die Umsätze über einen bestimmten Zeitraum unter Verwendung einer Methode, die seinen Leistungsfortschritt angemessen darstellt.[119]

3.5.2 Bestimmung des Leistungsfortschritts bei zeitraumbezogener Umsatzrealisierung

Für jede Leistungsverpflichtung, die im Laufe der Zeit erfüllt wird, wendet ein Unternehmen eine einzige Methode zur Messung des Fortschritts zur vollständigen Erfüllung der Verpflichtung an. Ziel ist es, die Übertragung der Kontrolle über die Güter oder Dienstleistungen auf den Kunden abzubilden. Zu diesem Zweck muss ein Unternehmen eine geeignete Methode auswählen.[120] Anschließend wendet es diese Methode konsequent auf ähnliche Leistungsverpflichtungen und unter ähnlichen Umständen an.[121] IFRS 15.41 nennt zwei Methoden zur Messung des Leistungsfortschritts[122]:

- Output-basierte Methode – „Umsätze werden auf Basis der direkten Ermittlung des Werts der bisher übertragenen Güter oder Dienstleistungen für den Kunden im Verhältnis zu den verbleibenden, vertraglich zugesagten Gütern oder Dienstleistungen erfasst."[123]

- Input-basierte Methode – „Umsätze werden auf Basis der Anstrengungen oder des Inputs des Unternehmens zur Erfüllung einer Leistungsverpflichtung im Verhältnis zu den insgesamt zur Erfüllung dieser Leistungsverpflichtung erwarteten Inputs erfasst."[124]

---

[118] Vgl. Hoffmann/Lüdenbach: IAS/IFRS-Texte, (2017), S.950
[119] Vgl. Zwirner, Boecker: IFRS-Update 2018, (2018), S.05
[120] Vgl. Grünberger: IFRS 2019, (2018), S.107 f.
[121] Vgl. Deloitte: IFRS fokussiert, (2014), S.10
[122] Vgl. IFRS 15.41
[123] IFRS 15.B15
[124] IFRS 15.B18

Gemäß IFRS 15.B16 kann ein Unternehmen zum Vereinfachungszweck den Leistungsfortschritt ausgabeorientiert unkompliziert an der Zahl der geleisteten Stunden orientieren, wenn sich der Entgeltanspruch proportional zur erbrachten Leistung verhält.[125]

Wenn eine Input-basierte Methode eine geeignete Grundlage für die Messung des Fortschritts bietet und die Inputs eines Unternehmens gleichmäßig über die Zeit anfallen, kann es gemäß IFRS 15.B18 angemessen sein, die Umsatzerlöse linear zu erfassen.[126] Eine Schwäche der Input-basierten Methoden ist gemäß IFRS 15.39, wenn es keinen direkten Zusammenhang zwischen den Inputs eines Unternehmens und der Übertragung der Kontrolle auf den Kunden gibt.[127] Ein Unternehmen, das eine Input-basierte Methode anwendet, muss die angefallenen Kosten, die nicht zum Fortschritt des Unternehmens bei der Erfüllung einer Leistungsverpflichtung beitragen (z. B. Kosten für verschwendete Materialien) und nicht in einem angemessenen Verhältnis zum Fortschritt des Unternehmens bei der Erfüllung der Leistungsverpflichtung stehen, von seiner Fortschrittsmessung ausschließen.[128]

Der neue Standard verlangt auch von den Unternehmen, dass diese eine Methode wählen, die mit dem Ziel der Darstellung ihren Leistungen im Einklang steht. Ein Unternehmen hat daher keine freie Wahl, welche Methode auf eine bestimmte Leistungsverpflichtung anzuwenden ist – es muss die Natur der Güter oder Dienstleistungen berücksichtigen, die es sich verpflichtet hat, auf den Kunden zu übertragen.[129]

IFRS 15.44 in Verbindung mit (i. V. m.) IFRS 15.45 besagt, dass ein Unternehmen Umsatzerlöse zeitraumbezogen nur dann erfasst, wenn es seinen Fortschritt bei der vollständigen Erfüllung der Leistungsverpflichtung zuverlässig beurteilen kann. Wenn das Unternehmen jedoch das Ergebnis nicht verlässlich bestimmen kann, und dennoch erwartet, dass die angefallenen Kosten gedeckt werden, erfasst es die Umsatzerlöse in Höhe der angefallenen Kosten.[130]

---

[125] Vgl. Lüdenbach/Hoffmann: § 25 Erlöse aus Verträgen mit Kunden, (2019), Rz.149
[126] Vgl. KPMG: Revenue Issues In-Depth, (2016), S.137
[127] Vgl. IFRS 15.39
[128] Vgl. Hoffmann/Lüdenbach: IAS/IFRS-Texte, (2017), S.950 f.
[129] Vgl. Fischer: TRG-Meetings 2016: Ausgewählte Bilanzierungsfragen, (2016), S.356
[130] Vgl. Deloitte: Revenue from Contracts with Customers, (2018), S.157

3.5.3 Umsatzrealisierung zu einem bestimmten Zeitpunkt

Wird eine Leistungsverpflichtung nicht über einen bestimmten Zeitraum erfüllt, so realisiert ein Unternehmen die Umsätze zu dem Zeitpunkt, zu dem es die Kontrolle über die Güter oder Dienstleistungen an den Kunden überträgt. IFRS 15.38 enthält Indikatoren dafür, wann der Kontrollübergang stattfindet:[131]

- In einigen Fällen ist der Besitz des rechtlichen Eigentums ein Schutzrecht und fällt möglicherweise nicht mit der Übertragung der Kontrolle über die Güter oder Dienstleistungen auf einen Kunden zusammen, z. B. wenn ein Unternehmen das Eigentum nur zum Schutz vor Zahlungsausfällen des Kunden behält.[132]

- Der Kunde hat den physischen Besitz eines Vermögenswertes. Dies kann darauf hindeuten, dass der Kunde in der Lage ist, die Nutzung des Vermögenswertes zu steuern und im Wesentlichen alle verbleibenden Vorteile aus ihm zu ziehen oder den Zugang anderer Unternehmen zu diesen Vorteilen einzuschränken. Der physische Besitz kann jedoch nicht mit der Kontrolle eines Vermögenswertes übereinstimmen. Beispielsweise können Konsignationsgeschäfte zwar zu einem physischen Besitz nicht jedoch zu einer Kontrolle führen.[133]

- Bei der Bewertung der Risiken und Chancen des Eigentums schließt ein Unternehmen alle Risiken aus, die neben der Leistungsverpflichtung zur Übertragung des Vermögenswertes zu einer separaten Leistungsverpflichtung führen.[134]

- Die Abnahme eines Vermögenswertes durch den Kunden kann darauf hindeuten, dass er die Fähigkeit erlangt hat, die Nutzung des Vermögenswertes zu steuern und im Wesentlichen alle verbleibenden Vorteile aus dem Vermögenswert zu ziehen.[135]

Die Indikatoren für den Kontrollübergang sind Anhaltspunkte, die oft vorhanden sind, wenn ein Kunde die Verfügungsgewalt über einen Vermögenswert hat. Sie sind jedoch weder individuell entscheidend noch sind sie eine Reihe von

---

[131] Vgl. Hoffmann/Lüdenbach: IAS/IFRS-Texte, (2017), S.38
[132] Vgl. Lüdenbach/Hoffmann: § 25 Erlöse aus Verträgen mit Kunden, (2019), Rz.170
[133] Vgl. IFRS 15.38 b)
[134] Vgl. Deloitte: Revenue from Contracts with Customers, (2018), S.167
[135] Vgl. EY Scout: Im Fokus: der neue Standard zur Umsatzrealisierung, (2017), S.232

Bedingungen, die erfüllt sein müssen.[136] Die neue Norm legt nicht nahe, dass bestimmte Indikatoren stärker berücksichtigt werden sollten als andere. Es kann ein Ermessen erforderlich sein, um den Zeitpunkt zu bestimmen, zu dem die Kontrolle übertragen wird. Diese Einschätzung kann besonders problematisch sein, wenn neben "negativen" Indikatoren Anhaltspunkte vorliegen, die darauf hindeuten, dass das Unternehmen seiner Leistungsverpflichtung nicht nachgekommen ist.[137]

3.6 Vertragskosten

Ein Unternehmen hat die zusätzlichen Kosten, die bei der Anbahnung eines Vertrages mit einem Kunden angefallen sind, als Vermögenswert anzusetzen, wenn das Management erwartet, diese Kosten zu erstatten. Gemäß IFRS 15.92 sind die Kosten, die bei der Anbahnung eines Vertrags mit einem Kunden zusätzlich anfallen, solche, die dem Unternehmen nicht entstanden wären, wenn der Vertrag nicht abgeschlossen worden wäre (z. B. Verkaufsprovisionen).[138] Kosten, die dem Unternehmen ohne den Abschluss des Vertrages entstanden wären, wie z. B. Betriebskosten und Außendienstgehälter, dürfen nicht aktiviert werden. Ein Unternehmen kann wählen, ob es die Kosten für den Abschluss eines Vertrages als Aufwand erfassen möchte, wenn die Abschreibungsdauer ein Jahr oder weniger beträgt.[139]

Ein Unternehmen darf die Kosten für die Erfüllung des Vertrages mit einem Kunden gemäß IFRS 15.95 nur dann als Vermögenswert aktivieren, wenn alle drei folgenden Kriterien kumulativ erfüllt sind:[140]

- Die Kosten beziehen sich direkt auf einen Vertrag oder einen erwarteten Vertrag, den das Unternehmen spezifisch identifizieren kann.
- Die Kosten führen zur Schaffung oder Verbesserung der Ressourcen des Unternehmens, die zur Erfüllung künftiger Leistungsverpflichtungen verwendet werden.
- Und es wird davon ausgegangen, dass das Unternehmen diese Kosten zurückerlangen wird.[141]

---

[136] Vgl. KPMG: Revenue Issues In-Depth, (2016), S.148
[137] Vgl. Grünberger: IFRS 2019, (2018), S.108 f.
[138] Vgl. Lüdenbach/Hoffmann: § 25 Erlöse aus Verträgen mit Kunden, (2019), Rz.233 f.
[139] Vgl. Hoffmann/Lüdenbach: IAS/IFRS-Texte, (2017), S.960 f.
[140] Vgl. EY Scout: Im Fokus: der neue Standard zur Umsatzrealisierung, (2017), S.238
[141] Vgl. IFRS 15.95

Das Unternehmen muss vor der Anwendung diesen Standard daraufhin prüfen, ob die Kosten für die Erfüllung eines Auftrags nach anderen Standards (z. B. Vorräte, Sachanlagen oder immaterielle Vermögenswerte) zu bilanzieren sind. Kosten, die sich auf die Erfüllung von Leistungsverpflichtungen beziehen, werden bei Anfall als Aufwand erfasst.[142]

Ein Vermögenswert, der für die Kosten zur Erlangung oder Erfüllung eines Vertrages aktiviert wird, wird gemäß IFRS 15.99 planmäßig abgeschrieben, wenn die Waren oder Dienstleistungen, auf die sich die Vermögenswerte beziehen, auf den Kunden übertragen werden. Der Vermögenswert wird auch in jeder Berichtsperiode auf Wertminderung hin überprüft.[143]

---

[142] Vgl. Kirsch: Einführung in die internationale Rechnungslegung nach IFRS, (2017), S.349
[143] Vgl. KPMG: Revenue Issues In-Depth, (2016), S.174 f.

4 Bezug auf US-GAAP, ASC

Das International Accounting Standards Board und das US Financial Accounting Standards Board haben gemeinsam einen neuen Umsatzstandard, IFRS 15 und ASC 606(US-GAAP) ‚*Revenue from Contracts with Customers*', herausgegeben, der praktisch alle Anforderungen an die Umsatzrealisierung nach IFRS und US-GAAP ersetzen wird.[144] Da die Boards mehrere Anliegen zu den bestehenden Anforderungen an die Umsatzrealisierung sowohl nach US-GAAP als auch nach IFRS festgestellt haben, haben sie beschlossen, einen gemeinsamen Umsatzstandard zu entwickeln, der sich auf folgende Punkte fokussiert:[145]

- Beseitigung von Inkonsistenzen und Schwachstellen in der Literatur zur derzeitigen Umsatzrealisierung.
- Anbieten eines zuverlässigeren Rahmens für die Lösung von Problemen bei der Umsatzrealisierung.
- Verbesserung der Vergleichbarkeit der Verfahren zur Umsatzrealisierung zwischen Branchen und zwischen Unternehmen, die in derselben Branche sind.
- Verringerung der Komplexität der Anwendung der Vorschriften zur Umsatzrealisierung, indem das Volumen der relevanten Standards und Interpretationen reduziert wird.
- Bereitstellung zusätzlicher hilfreicher Informationen für die Nutzer durch neue Offenlegungspflichten.[146]

Der endgültige Standard IFRS 15 ist nahezu vollständig mit dem US-GAAP-Äquivalent – ASC 606 konvergiert. Die wichtigsten Unterschiede, die die größten Auswirkungen haben können, betreffen die Einbringlichkeitsschwelle (*collectability treshhold*) für Verträge und einige Unterschiede in der Verfügbarkeit praktischer Hilfsmittel.[147]

Nach der Veröffentlichung von IFRS 15 und des entsprechenden US-GAAP-Standards – ASC 606, bildeten der IASB und der FASB die ‚*IASB/FASB Joint Transition Resource Group for Revenue Recognition* (TRG)'. Diese Gruppe, die sich sowohl mit

---

[144] Vgl. KPMG: Revenue Issues In-Depth, (2016), S.07
[145] Vgl. Lüdenbach/Hoffmann: § 25 Erlöse aus Verträgen mit Kunden, (2019), Rz.11
[146] Vgl. Deloitte: Revenue from Contracts with Customers, (2018), S.11
[147] Vgl. KPMG: Revenue Issues In-Depth, (2016), S.9 ff.

Sachverhalten von IFRS als auch von US-GAAP beschäftigt, soll den Gremien helfen, Unterschiede in der Praxis bei der Anwendung der Standards zu identifizieren, zu berücksichtigen und sich mit Umsetzungsfragen zu befassen, sobald erforderlich. Die TRG gibt keine Leitlinien heraus, sondern diskutiert Themen in der Öffentlichkeit.[148]

---

[148] Vgl. Lüdenbach/Hoffmann: § 25 Erlöse aus Verträgen mit Kunden, (2019), Rz.11

5 Besonderheiten der Umsatzrealisierung in der Softwareindustrie unter Anwendung von IFRS anhand von Beispielen

5.1 Formen der Lizenzierung

Eine Lizenz gibt einem Kunden das Recht auf Nutzung des geistigen Eigentums eines Unternehmens und legt die Verpflichtungen des Unternehmens im Zusammenhang mit diesen Rechten fest.[149] Gemäß IFRS 15.B52 sind Gegenstand der Lizenzen für geistiges Eigentum u. a.:

- Software und Technologie,
- Filme, Musik und andere Medien und Formen der Unterhaltung,
- Franchise-Rechte und
- Patente, Markenzeichen und Urheberrechte.[150]

Die Lizenzen können erheblich variieren und unterschiedliche Ausprägungen sowie verschiedene wirtschaftliche Merkmale aufweisen, was zu wesentlichen Unterschieden bei den gewährten Rechten führen kann.[151]

Ein Vertrag über die Übertragung einer Lizenz auf einen Kunden kann neben der versprochenen Lizenz auch andere Leistungspflichten beinhalten. Diese Verpflichtungen können im Vertrag festgelegt oder durch die üblichen Geschäftsgepflogenheiten des Unternehmens, veröffentlichte Richtlinien oder spezifische Aussagen impliziert werden. Die bilanzielle Behandlung hängt davon ab, ob die Lizenz von anderen im Vertrag versprochenen Gütern oder Dienstleistungen eigenständig abgrenzbar ist oder nicht.[152]

5.1.1 Bestimmung der Eigenständigkeit der Lizenz

In Übereinstimmung mit anderen Arten von Verträgen wendet ein Unternehmen Schritt 2 des IFRS 15-Modells an, um jede der Leistungsverpflichtungen in einem Vertrag zu identifizieren, der das Versprechen beinhaltet, eine Lizenz zusätzlich zu

---

[149] Vgl. Lüdenbach/Hoffmann: § 25 Erlöse aus Verträgen mit Kunden, (2019), Rz.213 ff.
[150] Vgl. IFRS 15.B52
[151] Vgl. Hoffmann/Lüdenbach: IAS/IFRS-Texte, (2017), S.977 f.
[152] Vgl. Fischer/Günther/Zülch: Bilanzierung von Lizenzvereinbarungen nach IFRS, (2015), S.1538 ff.

anderen versprochenen Waren oder Dienstleistungen zu gewähren.[153] Dazu muss das Unternehmen einschätzen, ob

- der Kunde von der Lizenz allein oder zusammen mit anderen jederzeit verfügbaren Ressourcen profitieren kann und
- die Lizenz getrennt von anderen Waren oder Dienstleistungen im Vertrag identifizierbar ist.[154]

In einigen Softwarevereinbarungen ist eine Softwarelizenz eigenständig abgrenzbar, da sie die einzige Zusage im Vertrag ist. In anderen Vereinbarungen kann der Kunde die Lizenz allein oder mit jederzeit auf dem Markt verfügbaren Ressourcen nutzen und ist getrennt von den anderen Gütern oder Dienstleistungen im Vertrag identifizierbar (d. h. die anderen Güter oder Dienstleistungen sind ebenfalls eigenständig abgrenzbar).[155] Ein Beispiel für eine eigenständige Lizenz ist ein Softwarepaket, das ohne Anpassung oder Modifikation allein verwendet werden kann. In dieser Situation sind die zukünftigen Upgrades nicht erforderlich, damit der Kunde die Funktionalität der Software für einen vernünftigen Zeitraum aufrechterhalten kann.[156]

IFRS 15.B54 legt fest, dass Lizenzen, die ein Unternehmen für nicht eigenständig abgrenzbar hält, mit anderen zugesagten Gütern oder Dienstleistungen im Vertrag so lange kombiniert werden, bis eine separate Leistungsverpflichtung identifiziert wird. In einigen Verträgen kann der Kunde von der Lizenz nur mit einem anderen Gut oder einer anderen Dienstleistung profitieren, die (explizit oder implizit) im Vertrag zugesagt wird.[157] So kann beispielsweise eine Softwarelizenz in ein softwarefähiges Sachgut eingebettet sein und die Software die Eigenschaften und Funktionalität des Sachguts erheblich beeinflussen. Der Kunde kann weder von der Softwarelizenz allein profitieren noch ist sie vom materiellen Gut trennbar.[158]

Bestimmte Arten von Software, wie z. B. Antivirenprogramme, erfordern häufige Aktualisierungen, um die Software auf dem neuesten Stand zu halten, damit sie für den Kunden von Vorteil sein kann. Nach IFRS 15 kann ein Unternehmen zu dem

---

[153] Vgl. Lüdenbach/Hoffmann: § 25 Erlöse aus Verträgen mit Kunden, (2019), Rz.215
[154] Vgl. IFRS 15.B54
[155] Vgl. EY: A closer look at the new revenue recognition standard, (2017), S.237 f.
[156] Vgl. Deloitte: Revenue from Contracts with Customers, (2018), S.191 f.
[157] Vgl. EY Scout: Im Fokus: der neue Standard zur Umsatzrealisierung, (2017), S.279 f.
[158] Vgl. KPMG: Revenue Issues In-Depth, (2016), S.204 ff.

Ergebnis kommen, dass solche Softwarelizenzen nicht abgrenzbar sind, weil der Kunde den Nutzen aus der Software nicht ziehen kann, ohne auch die nachfolgenden Upgrades zu erhalten. In diesen Situationen bildet die Softwarelizenz zusammen mit den nicht spezifizierten Upgrades eine einzige eindeutige Leistungspflicht.[159]

5.1.2 Übertragung der Verfügungsgewalt über lizenziertes geistiges Eigentum

Wenn die Zusage eines Unternehmens eine Lizenz zu erteilen von den anderen im Vertrag zugesagten Gütern oder Dienstleistungen eigenständig abgrenzbar ist und daher als eigenständige Leistungsverpflichtung bilanziert wird, ist das Unternehmen verpflichtet zu bestimmen, ob die Verfügungsgewalt über die Lizenz entweder zu einem bestimmten Zeitpunkt oder über einen bestimmten Zeitraum auf den Kunden übergeht.[160] Um den angemessenen Zeitpunkt oder Zeitraum der Umsatzrealisierung in diesem Fall zu beurteilen, muss das Unternehmen gemäß IFRS 15.B56 prüfen, ob die Art des Versprechens des Unternehmens bei der Übertragung der Lizenz auf den Kunden darin besteht, diesem Kunden entweder

- ein Recht auf Zugriff auf sein geistiges Eigentum oder
- ein Recht auf Nutzung seines geistigen Eigentums einzuräumen.[161]

Die Zusage eines Unternehmens, dem Kunden ein Recht auf Zugang zu seinem geistigen Eigentum zu gewähren, wird über einen bestimmten Zeitraum erfüllt. Das liegt daran, dass der Kunde gleichzeitig konsumiert und von der Leistung des Unternehmens profitiert, indem er Zugang zu seinem geistigen Eigentum gewährt, während diese Leistung erbracht wird. Das Unternehmen wendet bei der Auswahl einer geeigneten Messmethode die allgemeinen Leitlinien zur Messung des Fortschritts bei der vollständigen Erfüllung einer Leistungsverpflichtung im Zeitablauf an.[162]

Eine vertragliche Zusage, dem Kunden ein Recht auf Nutzung des geistigen Eigentums des Unternehmens zu gewähren, wird zu einem bestimmten Zeitpunkt erfüllt. Das Unternehmen wendet die allgemeinen Richtlinien für Leistungsverpflichtungen, die zu einem bestimmten Zeitpunkt erfüllt sind, an, um den Zeitpunkt zu

---

[159] Vgl. EY: The new revenue recognition standard – software and cloud services, (2015), S.11
[160] Vgl. Fischer/Günther/Zülch: Bilanzierung von Lizenzvereinbarungen nach IFRS, (2015), S.1540 f.
[161] Vgl. IFRS 15.B56
[162] Vgl. Lüdenbach/Hoffmann: § 25 Erlöse aus Verträgen mit Kunden, (2019), Rz.216 f.

bestimmen, zu dem die Verfügungsgewalt über die Lizenz auf den Kunden übertragen wird. IFRS 15 fügt eine zusätzliche Anforderung hinzu, dass Umsatzerlöse nicht vor Beginn des Zeitraums erfasst werden dürfen, in dem der Kunde die Lizenz nutzt oder den Nutzen aus der Lizenz ziehen kann.[163]

5.2 Kundenspezifische Softwareentwicklung und ‚Customizing'

Für den Zweck der korrekten Umsatzrealisierung in der Softwarebranche ist zunächst zwischen kundenspezifischer Softwarefertigung und Lizenzierung von Standardsoftware zu unterscheiden. Als kundenspezifisch gilt nicht nur die Herstellung individueller Software nach Kundenvorgaben, sondern auch das signifikante Modifizieren oder Customizing von Standardsoftware.[164] „Die Schwelle für die Signifikanz des Customizing ist dabei nicht zu hoch zu legen. Wird etwa die überlassene Software angepasst, um mit anderen Anwendungen des Kunden interagieren zu können, stellen Lizenzierung und Customizing keine eigenständigen Leistungen mehr dar."[165]

5.2.1 Zeitraumbezogene Umsatzrealisierung

Gemäß IFRS 15.35 liegt eine zeitraumbezogene Leistungsverpflichtung dann vor, wenn durch das Unternehmen ein Vermögenswert erstellt wird, „der keine alternative Nutzungsmöglichkeit für das Unternehmen aufweist, und das Unternehmen […] einen Rechtsanspruch auf Bezahlung der bereits erbrachten Leistungen"[166] hat. Dieser Paragraf besteht aus zwei Kriterien, deren Erfüllung überprüft werden muss.

Das erste Kriterium ist erfüllt, wenn ein von einem Unternehmen erstellter Vermögenswert keine alternative Nutzung für das Unternehmen hat, d. h. das Unternehmen erstellt einen Vermögenswert nach Kundenvorgaben. Die Beurteilung, ob ein Vermögenswert eine alternative Nutzung hat, erfolgt zu Vertragsbeginn und wird nicht nachträglich aktualisiert, es sei denn, eine Vertragsänderung ändert die Leistungsverpflichtung wesentlich.[167]

---

[163] Vgl. Deloitte: Revenue from Contracts with Customers, (2018), S.186 ff.
[164] Vgl. Zwirner/Zieglmaier/Heyd: Bilanzierung und Besteuerung digitaler Leistungen, (2019), S.07
[165] Vgl. Lüdenbach/Hoffmann: § 25 Erlöse aus Verträgen mit Kunden, (2019), Rz.223
[166] IFRS 15.35 c)
[167] Vgl. Deloitte: Revenue from Contracts with Customers, (2018), S.145

Das zweite Kriterium befasst sich mit dem Rechtsanspruch auf Zahlung der bereits erbrachten Leistungen. Das Recht des Unternehmens auf Zahlung muss sich auf einen Betrag beziehen, der in etwa dem Verkaufspreis der übertragenen Waren oder Dienstleistungen entspricht, z. B ein Recht auf Erstattung der entstandenen Kosten zuzüglich einer angemessenen Gewinnspanne.[168]

Die kundenspezifische Softwarefertigung erfüllt die beide Unterkriterien des IFRS 15.35 c). Daher sind die Umsätze über einen bestimmten Zeitraum nach Leistungsfortschritt zu realisieren.[169]

5.2.2 Methoden zur Bestimmung des Leistungsfortschritts

Wie in Kapitel 3.6.2 bereits erwähnt, gibt IFRS 15.41 zwei geeignete Methoden zur Messung des Leistungsfortschritts – die Output- bzw. Input-basierte Methode.[170]

Die Output-orientierte Methode wird verwendet, um Umsatzerlöse auf der Grundlage von produzierten oder gelieferten Einheiten, Vertragsmeilensteinen, verbrauchter Zeit oder Schätzung über die bis dato erbrachten Leistungen in Bezug auf die insgesamt zu erbringenden Leistungen zu erfassen. Softwareunternehmen halten es möglicherweise für angemessen, dieses praktische Hilfsmittel auf einen Servicevertrag anzuwenden, in dem für jede erbrachte Servicestunde ein fester Betrag berechnet wird.[171]

Input-Methoden werden verwendet, um Umsätze auf Basis der Anstrengungen oder des Inputs des Unternehmens zur Erfüllung einer Leistungsverpflichtung im Verhältnis zu den insgesamt zur Erfüllung dieser Leistungsverpflichtung erwarteten Inputs zu realisieren. Die Input-Indikatoren können Arbeitsstunden, angefallene Kosten, verbrauchte Zeit oder verwendete Maschinenstunden umfassen.[172]

Der Standard gibt keine Priorität für eine der beiden Methodentypen vor. Da in der Softwareindustrie oft der Fortschritt hinzugefügter Werte schwer bestimmbar ist, fehlt die Voraussetzung für die Anwendung der Output-Methode. Aus diesem Grund wird die Input-orientierte Methode angewendet, insbesondere die ‚Cost-to-

---

[168] Vgl. EY Scout: Im Fokus: der neue Standard zur Umsatzrealisierung, (2017), S.91 f.
[169] Vgl. Lüdenbach/Hoffmann: § 25 Erlöse aus Verträgen mit Kunden, (2019), Rz.223 f.
[170] Vgl. IFRS 15.41
[171] Vgl. KPMG: Revenue Issues In-Depth, (2016), S.137
[172] Vgl. Fischer/Günther/Zülch: Bilanzierung von Lizenzvereinbarungen nach IFRS, (2015), S.1539 f.

Cost'-Methode.[173] Es ist jedoch erforderlich, dass die ausgewählte Methode konsistent auf ähnliche Leistungsverpflichtungen und unter ähnlichen Umständen angewendet wird.[174]

5.2.2.1 Anwendung der Output-orientierten Methode

Folgendes Beispiel zeigt deutlich, warum die Anwendung der Output-orientierten Methode im Rahmen der Softwarebranche nicht angemessen ist:

> Die S-GmbH hat einen Festpreisauftrag zur Entwicklung einer kundenspezifischen Software angenommen. Der Auftrag definiert 100 logisch aufeinander aufbauende Funktionalitätserfordernisse. Am Bilanzstichtag sind 80 % der Funktionalitäten programmiert. Die S-GmbH entschließt sich daher, auf Basis der Output-orientierten *„Milestones"*-Methode 80 % des vereinbarten Festpreises als Erlös auszuweisen, und setzt in der Gewinnermittlung die bisher angefallenen Kosten (hautsächlich Löhne) dagegen. Der in IT-Angelegenheiten oft unkundige Wirtschaftsprüfer WP fragt nach, wie viele Stunden noch anfallen werden, um die restlichen 20 % zu programmieren. Die Antwort ist: „Ungefähr genauso viele Stunden wie für die 80 %." WP ist hier nicht bereit, einem technisch interpretierten Fertigungsgrad von 80 % auch bilanziell zu folgen. Er will vielmehr nur einen Fertigungsgrad von 50 % annehmen.[175]

In Beispiel 1 geht es um das Problem, dass nach IFRS 15.39 der Leistungsfortschritt durch das Verhältnis der erbrachten zur insgesamt geschuldeten Leistung definiert ist.[176] „Da die Erledigung eines Programmierungsauftrags eine technische und ökonomische, seine bilanzielle Abbildung aber eine rein ökonomische Veranstaltung ist, kann mit diesem Verhältnis nur ein ökonomisches gemeint sein."[177] Wie im Beispiel zu sehen ist, kommt es häufig vor, dass es keine lineare Beziehung zwischen Kosten und Output-orientiertem Aufteilungsmaßstab und daher keine mittelbare Herstellung dieser Beziehung über Gewichtungsfaktoren gibt. Die Konsequenz in diesem Fall ist nach h. M., dass die Anwendung der Output-orientierten Methode unzulässig ist.[178]

---

[173] Vgl. Lüdenbach/Hoffmann: § 25 Erlöse aus Verträgen mit Kunden, (2019), Rz.224
[174] Vgl. EY: The new revenue recognition standard – software and cloud services, (2015), S.23
[175] Vgl. Lüdenbach/Freiberg: Umsatzrealisierung nach IFRS 15, (2015), S.135
[176] Vgl. IFRS 15.39
[177] Lüdenbach/Freiberg: Umsatzrealisierung nach IFRS 15, (2015), S.135
[178] Vgl. KMPG: Revenue recognition Handbook, (2018), S.478 ff.

5.2.2.2 Anwendung ‚*Cost-to-Cost*'-Methode

Ein Unternehmen, das eine Input-Methode anwendet, schließt die Auswirkungen von Vorleistungen aus, die seine Leistung bei der Übertragung der Kontrolle von Waren oder Dienstleistungen auf den Kunden nicht darstellen. Insbesondere bei der Anwendung einer kostenbasierten Input-Methode – z. B. Cost-to-Cost – kann eine Anpassung des Fortschrittsmaßes erforderlich sein, wenn die angefallenen Kosten[179]:

- nicht zu einem Fortschritt des Unternehmens bei der Erfüllung der Leistungsverpflichtung beitragen – z. B. unerwartete Mengen an verschwendeten Materialien, Arbeitskräften oder anderen Ressourcen, oder
- nicht in einem angemessenen Verhältnis zum Fortschritt des Unternehmens bei der Erfüllung der Leistungsverpflichtung steht – z. B. bei deinstallierten Materialien.[180]

Im Endeffekt dürfen nur solche Kostenbestandteile zur Bestimmung des Fertigstellungsgrads eingehen, die spezifisch für den Auftrag anfallen.[181] Das folgende Beispiel 2 stellt eine korrekte Anwendung der Cost-to-Cost-Methode dar:

Der Kunde erhält Software, die in signifikantem Maße für die Kundenbedürfnisse modifiziert wurde. Die Gesamtkalkulation des Herstellers sieht wie folgt aus:

	Erlöse	Kosten
Lizenz	300	0
Customizing	500	300
Summe	800	300

Bis zum Stichtag sind Kosten von 60 GE für das Customizing angefallen, entsprechend 20 % des Gesamtbetrags. Für die vergebenen Lizenzen selbst fallen keine Kosten an. Der Fertigstellungsgrad beträgt daher 60 GE/300 GE = 20 %.

---

[179] Vgl. EY: A closer look at the new revenue recognition standard, (2017), S.244 f.
[180] Vgl. IFRS 15.B19
[181] Vgl. Deloitte: Revenue from Contracts with Customers, (2018), S.162 f.

Die resultierenden Umsatzerlöse sind 20 % x 800 GE = 160 GE. Die dagegenzusetzenden Kosten betragen 60 GE für das Customizing. Der Nettoertrag der Periode beträgt 160 GE – 60 GE = 100 GE. Dies entspricht 20 % des erwarteten gesamten Nettoertrags von 500 GE.[182]

5.3 Lizenzierung von Standardsoftware

Wenn sowohl die Merkmale einer kundenspezifischen Softwareentwicklung nicht vorliegen als auch die Software nicht im unterscheidbaren Bündel mit anderen Serviceleistungen lizenziert wird, handelt es sich um Standardsoftware. Für die Bilanzierung dieser Art Software gelten die in IFRS 15.B56 ff. branchenunabhängigen Regeln zur Lizenzierung von geistigem Eigentum.[183]

Wie in Kapitel 5.2 beschrieben, muss das Unternehmen gemäß IFRS 15.B56 prüfen, ob die Art des Versprechens des Unternehmens bei der Übertragung der Lizenz auf den Kunden darin besteht, diesem Kunden entweder:

- ein Recht auf Zugriff auf sein geistiges Eigentum (zeitraumbezogene Leistung) oder
- ein Recht auf Nutzung seines geistigen Eigentums einzuräumen (zeitpunktbezogene Leistung).[184]

Die meisten Software betreffenden Vereinbarungen enthalten auch Zusagen für das Recht, nach Beginn des Lizenzzeitraums große Updates oder nicht spezifizierte Upgrades und Verbesserungen zu erhalten. Die Unternehmen müssen überprüfen, ob die Upgrades oder Updates eine eigenständige Leistungsverpflichtung aufweisen oder ob es sich um einen Mehrkomponentenvertrag handelt.[185]

5.3.1 Differenzierung zwischen Upgrades und Updates

Updates in Computersoftware sind ‚*Codepatches*', die freigegeben werden, um bestimmte Probleme zu beheben oder bestimmte Funktionalitäten zu aktivieren. Die Notwendigkeit ein Update freizugeben ergibt sich aus der Tatsache, dass

---

[182] Vgl. Lüdenbach/Hoffmann: § 25 Erlöse aus Verträgen mit Kunden, (2019), Rz.224
[183] Vgl. Lüdenbach/Hoffmann: § 25 Erlöse aus Verträgen mit Kunden, (2019), Rz.225
[184] Vgl. IFRS 15.B56
[185] Vgl. PwC: IFRS 15 for the software industry, (2019), S.02

bestimmte Probleme nicht offensichtlich sind bevor das Produkt freigegeben wird. Der Hersteller entdeckt die Probleme erst, wenn Benutzer dies melden.[186]

Ein Upgrade ist der Vorgang, bei dem das bestehende Produkt durch eine neuere und oft bessere Version oder ein ähnliches Produkt ersetzt wird. Daher ändert ein Update das aktuelle Produkt, während ein Upgrade es vollständig ersetzt.

In Bezug auf die Häufigkeit treten Upgrades im Vergleich zu Updates deutlich seltener auf. Ein notwendiger Bestandteil eines Upgrades ist das Hinzufügen neuer Funktionen, deren Entwicklung einige Zeit in Anspruch nimmt.[187]

In Bezug auf die Kosten sind Updates immer kostenlos, da es sich nicht um eigenständige Software handelt, sondern Updates nur dazu bestimmt sind, eine bereits vorhandene Installation zu modifizieren. Upgrades hingegen benötigen nicht die ältere Software, um zu funktionieren.[188]

Rechte oder berechtigte Erwartungen bezüglich der Updates und Upgrades sind von besonderer Relevanz. Es gibt zwei grundsätzlich unterschiedliche Fälle – Standardsoftware mit Upgrades und Standardsoftware mit Updates.[189]

5.3.2 Zeitpunktbezogene Umsatzrealisierung bei Standardsoftware mit Upgrades

In diesem Fall sieht der Lizenzvertrag für ein einheitliches Entgelt neben der Lizenzierung der Software im heutigen Zustand (Version 1.0), z. B. in drei Jahren ein großes Update auf V2.0 vor, dass die Funktionalität wesentlich verbessert und neue erweiterte Optionen und Funktionen hinzufügt. Das Versprechen für den Upgrade auf V2.0 wird als Upgrade-Recht betrachtet. Hier handelt es sich um ein Mehrkomponentengeschäft. Der Transaktionspreis ist auf die heutige Version der Software (V1.0) und auf das Upgrade-Recht aufzuteilen. Nach h. M. sind die Umsätze aus diesen beiden Leistungen zeitpunktbezogen zu realisieren. Der Teil des Transaktionspreises, der auf die Version 1.0 anfällt, wird sofort realisiert. Der Rest des Transaktionspreises wird erst mit Auslieferung der Version 2.0 realisiert.[190] Dazu folgendes Beispiel:

---

[186] Johnson/Millet: Software Update as a Mechanism for Resilience and Security, (2017), S.26 f.
[187] Vgl. Shaw: Strategies for Managing Computer Software Upgrades, (2016), S.33 ff.
[188] Vgl. KMPG: Revenue for software ans SaaS, (2018), S.189 ff.
[189] Vgl. Lüdenbach/Freiberg: Umsatzrealisierung nach IFRS 15, (2015), S.136
[190] Vgl. Lüdenbach/Hoffmann: § 25 Erlöse aus Verträgen mit Kunden, (2019), Rz.226

Unternehmen U schließt einen Kaufvertrag mit Kunde K über Standardsoftware. Die Lizenzvereinbarung sieht den Verkauf der Software im heutigen Zustand (Version 1.0) und Upgrade mit wesentlicher Ausweitung der Funktionalitäten auf Version 2.0 in drei Jahren vor. Der Kaufpreis beläuft sich auf 100 000 GE.

Da ein Mehrkomponentengeschäft zugrunde liegt, muss U den Transaktionspreis auf den Verkauf der heutigen Version und auf das Upgrade-Recht verteilen. U verkauft vergleichbaren Kunden auf dem Markt die Software (V1.0) ohne das Recht auf Upgrades für 65 000 GE.

Die 65 000 GE werden mit Verkauf der Software sofort realisiert und die restlichen, auf das Upgrade-Recht aufgeteilten 35 000 GE werden mit Bereitstellung der Version 2.0 zeitpunktbezogen realisiert.[191]

Bestimmte Arten von Software wie z. B. Antivirensoftware erfordern häufige Aktualisierungen, um die Software auf dem neuesten Stand zu halten, damit sie für den Kunden von Vorteil ist. Nach IFRS 15 kann ein Unternehmen zu dem Schluss kommen, dass solche Softwarelizenzen nicht eigenständig abgrenzbar sind, weil der Kunde den Nutzen aus der Software nicht ziehen kann, ohne auch die nachfolgenden Upgrades zu erhalten. In diesen Situationen bildet die Softwarelizenz zusammen mit den nicht spezifizierten Upgrades eine einzige eigenständige Leistungspflicht.[192]

Das Versprechen, nicht spezifizierte Updates, Upgrades und Verbesserungen bereitzustellen, ist eine *„Stand-Ready"* -Verpflichtung, wenn die Art des Versprechens des Unternehmens darin besteht, eine undefinierte Anzahl von Updates, Upgrades oder Verbesserungen (d. h. alle) zu übertragen, die während des Supportzeitraums entwickelt werden.[193] In diesem Fall profitiert der Kunde während des gesamten Supportzeitraums von der Zusicherung, dass alle vom Unternehmen während des Zeitraums entwickelten Updates oder Upgrades zur Verfügung gestellt werden. Daher können die Umsätze aus den laufenden Upgrades mit erstmaliger Verfügbarkeit (*„when-and-if-available"*) realisiert werden.[194]

---

[191] Vgl. Lüdenbach/Hoffmann: § 25 Erlöse aus Verträgen mit Kunden, (2019), Rz.226
[192] Vgl. EY: Software – Revenue recognition, (2018), S.101 ff.
[193] Vgl. KPMG: Revenue Issues In-Depth, (2016), S.142 f.
[194] Vgl. EY: The new revenue recognition standard – software and cloud services, (2015), S.14

5.3.3 Zeitraumbezogene Umsatzrealisierung bei Standardsoftware mit Updates

In diesem Fall ist ein wesentliches Update vertraglich nicht vorgesehen. Nach den Geschäftsgepflogenheiten des Lizenzgebers und der daraus resultierenden berechtigten Erwartung der Lizenznehmer kommt es jedoch immer wieder zu kleineren und mittleren Updates (z. B. Version 1.0 auf 1.1, 1.2 etc.). Diese Updates werden den Lizenznehmern kostenlos zur Verfügung gestellt.[195] Das Unternehmen muss in diesem Fall nach IFRS 15.B61 beurteilen, ob die Updates zu einer wesentlichen Ausweitung der Funktionalität oder nur zu einer Beseitigung von Fehlern führen. Wenn die Updates zu einer wesentlichen Ausweitung der Funktionalität führen, ist der Lizenzvertrag als Recht zum Zugang zur aktuellen Version der Software zu interpretieren und es liegt somit eine zeitraumbezogene Leistung vor.[196] „Diese ist bei einem fehlenden expliziten Vertragszeitraum über den Zeitraum zu realisieren, über den das Unternehmen gewöhnlich eine derartige ‚Pflege' seiner Software vornimmt."[197] Dazu folgendes Beispiel:

> „Neben der Ausmerzung von Sicherheitslücken erweitert der Lizenzgeber in seinen Updates auch ständig die Funktionalitäten der Software. Nach durchschnittlich sechs Jahren stellt er den Verkauf des Betriebssystems ein und ersetzt es durch ein neues. Das alte System wird noch vier weitere Jahre aufgrund von Sicherheitsmängeln geupdated, danach seine Pflege ganz eingestellt.

Es liegt eine zeitraumbezogene Leistung vor, die über den erwarteten Zeitraum bis zur Herausgabe des neuen Betriebssystems zu realisieren ist. Auf den noch längeren Pflegezeitraum (weitere vier Jahre) kommt es nicht an, da hier keine weiteren Funktionalitäten hinzugefügt werden. Die Verteilung auf den Zeitraum bis zum neuen Betriebssystem impliziert, dass das Entgelt für in 01 vergebene Lizenzen über sechs Jahre, für in 04 vergebene Lizenzen nur noch über drei Jahre zu verteilen ist."[198]

---

[195] Vgl. Lüdenbach/Hoffmann: § 25 Erlöse aus Verträgen mit Kunden, (2019), Rz.226
[196] Vgl. EY Scout: Im Fokus: der neue Standard zur Umsatzrealisierung, (2017), S.274f.
[197] Lüdenbach/Freiberg: Umsatzrealisierung nach IFRS 15, (2015), S.136
[198] Lüdenbach/Hoffmann: § 25 Erlöse aus Verträgen mit Kunden, (2019), Rz.226

5.3.4 Bestimmung des Leistungszeitpunkts bei zeitpunktbezogenerUmsatzrealisierung bei Standardsoftware

Sofern eine zeitpunktbezogene Lizenzierung vorliegt, muss noch der genaue Leistungszeitpunkt festgestellt werden. Es sind unter anderem drei Fälle zu unterscheiden.[199]

Im ersten Fall wird die Software physisch per CD oder DVD ausgeliefert. Der Kunde ist jedoch noch nicht im Besitz eines notwendigen Freischaltcodes. Der Kunde kann jedoch den Schlüssel jederzeit über das Internet abrufen. In dieser Situation ist der Erlös mit Auslieferung der CD zu realisieren, da der Verkäufer seine Leistungsverpflichtung erfüllt hat.[200] „Der verzögerte Abruf des Autorisierungsschlüssels liegt nicht in seinem Verantwortungsbereich."[201]

Der zweite Fall bezieht sich auf Situationen, in denen der Kunde gegen ein Gesamtentgelt eine bestimmte Maximalzahl an Kopien beziehen kann. Hier wird der Erlös mit Auslieferung der ersten Kopie bzw. des Produktmasters realisiert.[202] „Ist die Lizenzgebühr hingegen eine Funktion der Zahl der Kopien, entsteht der Erlös nur sukzessive mit jeder weiteren Kopie."[203]

Im dritten Fall erhält der Kunde Datenträger, die zusätzliche Software enthalten. Der Kunde hat für die zusätzliche Software keine Lizenz erworben, und daher ist diese Software erst mit einem zusätzlichen Autorisierungsschlüssel betriebsfähig. In dieser Situation ist der Erlös in dem Zeitpunkt zu realisieren, in dem der Kunde vertragsgemäß auf diesen Zusatzschlüssel zugreifen kann. Auf den tatsächlichen Zugriff kommt es nicht an.[204]

5.4 Problematik der Mehrkomponentengeschäfte bei Softwareverträgen

Die Lieferung von Software beinhaltet nahezu in allen Fällen auch Vereinbarungen von Serviceleistungen wie Set-Up und Integrationstätigkeiten, ‚Post-Contract-Support'(PCS) etc. Wenn die Serviceleistungen die Software nicht wesentlich verändern, liegt keine kundenspezifische Softwarefertigung vor und es handelt sich um

---

[199] Vgl. Lüdenbach/Hoffmann: § 25 Erlöse aus Verträgen mit Kunden, (2019), Rz.226
[200] Vgl. Lüdenbach/Freiberg: Umsatzrealisierung nach IFRS 15, (2015), S.136
[201] Lüdenbach/Freiberg: Umsatzrealisierung nach IFRS 15, (2015), S.136
[202] Vgl. EY: Software – Revenue recognition, (2018), S.118 f.
[203] Lüdenbach/Hoffmann: § 25 Erlöse aus Verträgen mit Kunden, (2019), Rz.227
[204] Vgl.Lüdenbach/Freiberg: Umsatzrealisierung nach IFRS 15, (2015), S.136

ein Mehrkomponentengeschäft. Es muss danach bei Eigenständigkeit der Leistungen in Lizenzfertigung und Serviceleistungen disaggregiert werden.[205] Diese Disaggregation erfolgt nach dem Preis, „den das Unternehmen bei separatem Verkauf bzw. Leistung erzielt oder erzielen könnte".[206] Diese disaggregierten Leistungsverpflichtungen können auch eigenen Regelungen bezüglich des Realisationszeitpunkts unterliegen. Die Identifizierung der eigenständigen Leistungsverpflichtungen, die Aufteilung des Transaktionspreises und die Betrachtung der Regelungen hinsichtlich des Realisationszeitpunkts stellen die Problematik der Mehrkomponentengeschäfte dar.[207]

5.4.1 Set-up und Integrationstätigkeiten

Vereinbarungen, die Software betreffen, beinhalten oft die Zusage, Implementierungsleistungen zu erbringen, wie z. B. Installation, Datenkonvertierung, Softwaredesign oder -entwicklung und Anpassung. Die Unternehmen müssen ermessen, ob solche Tätigkeiten als eigenständige Leistungsverpflichtungen bilanziert werden und wann die Umsätze zu realisieren sind.[208] Die Unternehmen müssen bestimmen, ob die Erlöse zu einem Zeitpunkt, zu dem die Dienstleistung abgeschlossen ist, oder über einen Zeitraum, zu dem die Dienstleistung erbracht wird, realisiert werden.[209] Es wird im Folgenden ein Beispiel betrachtet, in dem die Lizenzierung und die Implementierung zwei eigenständige Leistungsverpflichtungen sind.

> Unternehmen U lizenziert Enterprise Resource Planning (ERP)-Software an seinen Kunden. U verpflichtet sich auch, Implementierungsleistungen zu erbringen, indem er für den Kunden Setup-Aktivitäten durchführt. Der Kunde kann für die Implementierungsleistungen Unternehmen U oder einen anderen Dienstleister beauftragen. Die Implementierungsdienste passen die Software nicht wesentlich an oder ändern sie nicht.[210]

Die Lizenz an der ERP-Software und die Implementierungsleistungen sind eigenständige Leistungsverpflichtungen. Der Kunde kann von der ERP-Software allein oder zusammen mit frei am Markt verfügbaren Ressourcen profitieren, da er die

---

[205] Vgl. EY: The new revenue recognition standard – software and cloud services, (2015), S.12
[206] Lüdenbach/Hoffmann: § 25 Erlöse aus Verträgen mit Kunden, (2019), Rz.228
[207] Vgl. EY: A closer look at the new revenue recognition standard, (2017), S.73 f.
[208] Vgl. KMPG: Revenue for software ans SaaS, (2018), S.149 ff.
[209] Vgl. Deloitte: Revenue from Contracts with Customers, (2018), S.144 f.
[210] Vgl. PwC: New revenue guidance, (2017), S.11

Möglichkeit hat, die Implementierungsleistungen von einem anderen Anbieter zu beziehen. Ferner ist das Versprechen, die Lizenz zu liefern, von dem Versprechen, Implementierungsdienste zu erbringen, getrennt zu identifizieren, da die Implementierungsdienste die Software nicht wesentlich anpassen oder modifizieren.[211]

5.4.2 Post-Contract-Support

Die meisten Vereinbarungen im Zusammenhang mit Software beinhalten auch Zusagen für das Recht auf den Erhalt von zusätzlichen Dienstleistungen oder nicht spezifizierten Upgrades und Updates (oder beides) nach Beginn der Lizenzlaufzeit. Im Allgemeinen umfassen diese Dienstleistungen telefonischen Support und Fehlerbehebung (‚*Bugfixes*' oder ‚*Debugging*') sowie nicht spezifizierte Upgrades oder Erweiterungen. Diese Aktivitäten werden allgemein als ‚*Post-Contract-Support*' bezeichnet.[212] Unternehmen können Post-Contract-Support mit der Software als eine einzige Leistungsverpflichtung nach den aktuellen IFRS unter Bezugnahme auf IAS 18.IE19 kombinieren, während andere Unternehmen dies als separate Komponente von der Software oder sogar in mehrere separaten Komponenten trennen können.[213]

Post-Contract-Support ist keine einzigartige Dienstleistung, die in IFRS 15 vorgesehen oder definiert ist. Infolgedessen müssen die Unternehmen prüfen, ob die einzelnen Dienstleistungen, aus denen sich das als Post-Contract-Support bezeichnete System zusammensetzt, separate Leistungsverpflichtungen darstellen.[214] So kann beispielsweise ein Softwareunternehmen zu dem Schluss kommen, dass das Versprechen, nicht spezifizierte zukünftige Upgrades und Updates bereitzustellen, eine im Vertrag eindeutig zugesagte Dienstleistung ist und daher eine separate Leistungsverpflichtung darstellt. Das Unternehmen kann auch festlegen, dass Fehlerbehebung und telefonischer Support bereitgestellt werden, um sicherzustellen, dass die Software wie versprochen funktioniert.[215] Infolgedessen sind diese Dienstleistungen Teil der Garantieleistung für die Software und keine Erlös-

---

[211] Vgl. KMPG: Revenue for software ans SaaS, (2018), S.204 f.
[212] Vgl. EY: The new revenue recognition standard – software and cloud services, (2015), S.12
[213] Vgl. PwC: IFRS 15 for the software industry, (2019), S.02 f.
[214] Vgl. KPMG: Revenue Issues In-Depth, (2016), S.205 f.
[215] Vgl. EY: The new revenue recognition standard – software and cloud services, (2015), S.12

komponente. Diese Art von Garantien werden nach IAS 37 als Rückstellungen, Eventualverbindlichkeiten und Eventualforderungen bilanziert.[216]

Es ist nicht ungewöhnlich, dass ein Kunde die Post-Contract-Support-Verlängerung in einem bestimmten Zeitraum storniert oder ablehnt, sich anschließend jedoch für die Wiederherstellung dieser Dienste entscheidet. Zum Zeitpunkt der Wiederherstellung des inaktiven Post-Contract-Supports erhält der Kunde in der Regel die kumulativen Updates, Upgrades und Erweiterungen, die während der abgelaufenen Post-Contract-Support-Perioden freigegeben wurden, und der Softwareanbieter berechnet dem Kunden in der Regel die Kosten für die abgelaufenen Perioden.[217] Nach der Wiedereinführung von Post-Contract-Supports wird ein Softwareunternehmen nach h. M. den Umsatz in der Regel sofort für die für Post-Contract-Support während des abgelaufenen Zeitraums gezahlte Gebühr erfassen, da die Kontrolle über die während des abgelaufenen Post-Contract-Support-Zeitraums veröffentlichten Aktualisierungen bei der Wiedereinführung auf den Kunden übergeht.[218] Dazu folgendes Beispiel:

> Am 1. Januar 2017 schließt Unternehmen U eine Vereinbarung mit einem Kunden K, um eine unbefristete Lizenz für Software und Post-Contract-Support für einen Zeitraum von einem Jahr bereitzustellen, sobald die Software aktiviert ist. Es besteht auch die Möglichkeit, PCS auf Grundlage des Einzelverkaufspreises, um ein weiteres Jahr zu verlängern. PCS umfasst Telefon-Support und nicht spezifizierte zukünftige Updates. Am 1. Januar 2018 entscheidet K, PCS für die lizenzierte Software nicht zu verlängern. Anschließend entscheidet K am 30. Juni 2018, das verfallene PCS wiedereinzusetzen und schließt einen separaten PCS-Wiederherstellungsvertrag ab. U verpflichtet sich, verfallenes PCS wiederherzustellen und die kumulativen Updates zu liefern, die während der verfallenen PCS-Perioden zum Zeitpunkt der Wiederherstellung von PCS veröffentlicht wurden. Im Gegenzug verlangt U vom Kunden die Zahlung eines Betrages, der sich auf die zukünftige PCS-Periode bezieht, und eines zusätzlichen Betrages, der sich aus den abgelaufenen PCS-Perioden ergibt. Der Zusatzbetrag entspricht dem kumulierten Betrag des rückständigen PCS und wurde auf Basis des eigenständigen Verkaufspreises für PCS berechnet.[219]

---

[216] Vgl. EY: Software – Revenue recognition, (2018), S.184 f.
[217] Vgl. PwC: New revenue guidance, (2017), S.14 f.
[218] Vgl. KMPG: Revenue for software ans SaaS, (2018), S.197 f.
[219] Vgl. PwC: New revenue guidance, (2017), S.13

Die für die Wiederherstellung von PCS gezahlte Gebühr sollte auf die sechs Monate PCS, die während des abgelaufenen Zeitraums zur Verfügung gestellt wurden, und auf die sechs Monate zukünftiger PCS aufgeteilt werden, basierend auf den jeweiligen Einzelverkaufspreisen.[220]

Wenn PCS wieder eingeführt wird, sollte U nach h. M. sofort Erlöse für die dem PCS während der abgelaufenen Periode zugeordnete Gebühr realisieren, da die Kontrolle über die während der abgelaufenen PCS-Periode freigegebenen Updates bei der Wiederherstellung an den Kunden übergeht. Der dem zukünftigen PCS zugeordnete Betrag wird in den verbleibenden sechs Monaten zeitraumbezogen erfasst.[221]

5.4.3 Schätzung des Einzelveräußerungspreises

Der Einzelveräußerungspreis ist der Preis, zu dem ein Unternehmen bei Vertragsbeginn ein Gut oder eine Dienstleistung auf Einzelbasis verkaufen würde. Bei der Ermittlung des Einzelveräußerungspreises muss ein Unternehmen beobachtbare Informationen verwenden, sofern diese verfügbar sind. Wenn eigenständige Verkaufspreise nicht direkt beobachtbar sind, muss ein Unternehmen Schätzungen auf der Grundlage von Informationen vornehmen, die vernünftigerweise verfügbar sind.[222] IFRS 15.79 gibt drei Methoden an, die zur Schätzung des Einzelveräußerungspreises geeignet sind – ‚*Adjusted-market-assesment-Ansatz*', ‚*Expected-cost-plus-a-margin-Ansatz*' und ‚*Residualwertansatz*'.[223]

Die Verwendung eines oder einer Kombination der Methoden kann geeignet sein, um den Einzelwert einer Ware oder Dienstleistung zu schätzen. Dies sind jedoch nicht die einzigen zulässigen Schätzmethoden. IFRS 15 erlaubt jede vernünftige Schätzmethode, sofern sie mit dem Konzept eines eigenständigen Verkaufspreises übereinstimmt und die Verwendung von vorhandenen Daten maximiert. Ein Unternehmen ist verpflichtet, Schätzmethoden unter ähnlichen Umständen konsequent anzuwenden.[224]

Der Einzelverkaufspreis für bestimmte Softwareprodukte oder -dienste ist unter Umständen nicht direkt einsehbar und muss möglicherweise geschätzt werden, da

---

[220] Vgl. EY: Software – Revenue recognition, (2018), S.283 f.
[221] Vgl. KMPG: Revenue for software ans SaaS, (2018), S.197 f.
[222] Vgl. PwC: New revenue guidance, (2017), S.21
[223] Vgl. IFRS 15.79
[224] Vgl. Lüdenbach/Hoffmann: § 25 Erlöse aus Verträgen mit Kunden, (2019), Rz.129 f.

es in der Softwareindustrie üblich ist, dass Anbieter ihre Softwarelizenzen zusammen mit anderen Produkten und Diensten bündeln. Einige Anbieter lizenzieren beispielsweise häufig oder sogar immer Software, die zusammen mit Post-Contract-Support, zusätzlichen Diensten oder Hosting gebündelt ist.[225]

IFRS 15.79 sieht vor, dass ein Unternehmen in der Lage sein kann, den eigenständigen Verkaufspreis einer Leistungsverpflichtung unter Verwendung eines Residualansatzes zu schätzen, wenn

- das Unternehmen das gleiche Gut oder die gleiche Dienstleistung zu unterschiedlichen Preisen an verschiedene Kunden verkauft oder
- das Unternehmen für dieses Gut oder diese Dienstleistung noch keinen Preis bestimmt hat und das Gut oder die Dienstleistung in der Vergangenheit noch nicht separat verkauft wurde.[226]

Dies bedeutet, dass der Residualansatz nur zulässig ist, wenn der Verkaufspreis eines Gutes oder einer Dienstleistung variabel oder unsicher ist. Auch bei Verwendung des Residualansatzes muss das Unternehmen prüfen, ob über die Ergebnisse das Ziel erreicht wurde, den Transaktionspreis auf Basis von Einzelverkaufspreisen zu verteilen.[227] Wenn beispielsweise die Residualmethode dazu führt, dass einer Leistungsverpflichtung wenig oder kein Teil des Transaktionspreises gewährt wird, wäre diese Schätzmethode nicht angemessen.[228]

Die zusätzlichen Dienstleistungen und Wartungen werden ebenfalls einzeln verkauft und das oft zu relativ festen Preisen. Die Vorschrift besagt, dass es angemessen sein kann, den eigenständigen Verkaufspreis für die Softwarelizenz als Differenz zwischen dem gesamten Transaktionspreis und dem geschätzten Verkaufspreis der zusätzlichen Dienstleistungen und Wartung zu schätzen. In diesen Fällen wären die Ergebnisse wahrscheinlich ähnlich wie bei Unternehmen, die einen Residualansatz anwenden.[229]

Bei der Adjusted-market-assessment-Methode muss das Unternehmen den Markt, auf dem es seine Güter oder Dienstleistungen verkauft, analysieren und den Preis schätzen, den die Kunden auf dem Markt zu zahlen bereit sind. Wenn ein

---

[225] Vgl. EY: Software – Revenue recognition, (2018), S.60 ff.
[226] Vgl. IFRS 15.79
[227] Vgl. Lüdenbach/Freiberg: Umsatzrealisierung nach IFRS 15, (2015), S.137
[228] Vgl. Deloitte: Revenue from Contracts with Customers, (2018), S.136 f.
[229] Vgl. PwC: IFRS direkt: IFRS 15 in der Softwareindustrie, (2019), S.03

Unternehmen die Expected-cost-plus-a-margin-Methode verwendet, muss das Unternehmen die Kosten für die Erfüllung der Leistungsverpflichtung schätzen und danach eine angemessene Marge aufschlagen.[230]

Darüber hinaus nennt IFRIC 13 Kundenbindungsprogramme zwei Allokationsmethoden: Zuteilung auf Grundlage des Fair Values und Zuordnung nach der Residualmethode. IFRIC 13 schreibt jedoch keine Hierarchie vor. Daher wählen die Unternehmen derzeit nach eigenem Ermessen die am besten geeignete Methodik aus, wobei alle relevanten Fakten und Umstände zu berücksichtigen sind.[231] Außerdem muss sichergestellt werden, dass die sich daraus ergebende Zuordnung mit dem Ziel von IAS 18 vereinbar ist, Umsatzerlöse zum Fair Value der Gegenleistung zu bewerten.[232]

5.5 Cloud-Dienstleistungen

‚Cloud Computing' gibt Softwarenutzern neue Möglichkeiten, Software im Unternehmen schneller und kosteneffizienter einzuführen und einzusetzen. Cloud Computing versteht sich dabei als ein ortsunabhängiges Bereitstellungsmodell für die schnelle, bedarfsgetriebene Nutzung von Hard- und Softwarekapazitäten per Netzwerk, welches einen Pool konfigurierbarer IT-Ressourcen exklusiv oder gemeinschaftlich nutzt.[233] Im Bereich von Cloud Computing-Dienstleistungen lassen sich drei Servicemodelle unterscheiden:

- IaaS – steht für „Infrastructure as a Service". Es bezieht sich auf Cloud-basierte Infrastrukturressourcen, die die Unternehmen bei Aufbau und Verwaltung ihrer Server, Netzwerke, Betriebssysteme und Datenspeicher unterstützen. IaaS-Kunden können ihre eigene Dateninfrastruktur steuern, ohne sie vor Ort physisch verwalten zu müssen. Stattdessen können sie über ein Dashboard oder eine API (Application Programming Interface) auf Daten auf Servern zugreifen und diese speichern.[234]

---

[230] Vgl. IFRS 15.79 a); b)
[231] Vgl. EY: The new revenue recognition standard – software and cloud services, (2015), S.23
[232] Vgl. PwC: New revenue guidance, (2017), S.18
[233] Vgl. Satyanarayana: Cloud Computing: SaaS, S.76 ff.
[234] Vgl. Roos: Cloud-Lösungen zur Nutzungsüberlassung von Softwareprodukten, (2019), S.96

- PaaS – steht für „platform as a service". Es bezieht sich auf Cloud-basierte Plattformdienste, die Entwicklern ein Framework zur Verfügung stellen, mit dem sie eigene Anwendungen erstellen können. Auf diese Weise liefert PaaS keine Software über das Internet, sondern eine Online-Plattform, die für verschiedene Entwickler zugänglich ist, um über das Internet bereitgestellte Software zu erstellen.[235]

- SaaS – steht für „Software as a Service". Es handelt sich um Cloud-basierte Software, die online von einem Unternehmen gehostet wird, im Subskriptionsmodell zum Kauf angeboten und über das Internet bereitgestellt wird. Der Kunde nutzt sowohl die IT-Infrastruktur als auch die System- und Anwendungssoftware des Cloud-Anbieters mit Hilfe eigener Endgeräte."[236]

Cloud-Service-Vereinbarungen können die Cloud-Services (z. B. Software-as-a-Service) und andere Produkte oder Dienstleistungen umfassen. Zu diesen Vereinbarungen gehört häufig auch eine Lizenz der Software, für die der Kunde das Recht hat, diese in Besitz zu nehmen. Cloud-Service-Einheiten bieten neben dem Cloud-Service selbst häufig auch professionelle Dienstleistungen wie Implementierung, Datenmigration, *Business Process Mapping*, Training und Projektmanagement an. Diese professionellen Dienstleistungen können für einen Kunden erforderlich sein, um die Nutzung der Cloud-Dienste in der im Vertrag beschriebenen Weise zu ermöglichen.[237]

IFRS 15 gibt einen Rahmen für die Identifizierung der Leistungsverpflichtungen in einem Vertrag vor. Wenn ein Unternehmen feststellt, dass die versprochenen Güter oder Dienstleistungen eigenständig abgrenzbar sind, muss es bestimmen, ob es eine Softwarelizenz (als separate Leistungspflicht vom Hosting-Dienst) oder einen Dienst (eine Lizenz und Hosting-Dienstleistungen, die zusammen eine einzige Leistungspflicht darstellen, weil die beiden Versprechen nicht voneinander trennbar sind) für den Kunden bereitstellt.[238]

In einigen Verträgen wird die Einschätzung, ob die Lizenz eine eigenständige Leistungsverpflichtung darstellt, relativ unkompliziert sein. So kann beispielsweise ein Unternehmen einem Kunden eine Softwarelizenz zur Verfügung stellen, jedoch nur

---

[235] Vgl. Fink: Die Bilanzierung von Apps, Clouds und Webseiten nach IFRS, (2019), S.197
[236] Vgl. Freiberg: Bilanzierung von Cloud computing-Vereinbarungen, (2018), S.304
[237] Vgl. EY: The new revenue recognition standard – software and cloud services, (2015), S.17
[238] Vgl. Walter: Umsatzrealisierung bei Online-Vermittlungs-Dienstleistungen nach IAS 18 und IFRS 15, S.303 f.

in Verbindung mit einem Hosting-Service.[239] Darüber hinaus kann der Kunde in dem Fall die Kontrolle über die Lizenz oder die Nutzung der Software ohne den Hosting-Service nicht ausüben. In diesem Fall kann der Kunde die Lizenz nicht allein nutzen und die Lizenz ist nicht von den Hosting-Diensten trennbar. Daher ist die Lizenz keine eigenständige Leistungsverpflichtung und muss mit dem Hosting-Service in einem Mehrkomponentenvertrag kombiniert werden.[240]

Zahlreiche Vereinbarungen sind jedoch komplexer. So befindet sich beispielsweise bei einigen Verträgen ein Teil der Software (die bestimmten Funktionen ermöglicht) vor Ort beim Kunden, und der Kunde hat die Möglichkeit, die Kontrolle über diese Software zu erlangen. Der Hosting-Service stellt jedoch auch andere Funktionen zur Verfügung und der Kunde kann die Kontrolle über diese Software nicht ausüben. Infolgedessen kann diese Bestimmung je nach Vertragsbedingungen eine signifikante Einschätzung erfordern.[241]

Eine „*Software as a Service*'-Vereinbarung, die keine Lizenz für geistiges Eigentum beinhaltet, wird als Dienstleistung bilanziert. Es ist nach h. M. davon auszugehen, dass die meisten SaaS-Vereinbarungen die Kriterien erfüllen, die als eine Reihe von verschiedenen Serviceperioden (z. B. tägliche oder monatliche Serviceperioden) zu verbuchen sind, da jede einzelne Serviceperiode im Wesentlichen gleich ist, die Kriterien für die zeitraumbezogene Umsatzrealisierung erfüllt, und die gleiche Methode verwendet wird, um den Fortschritt über jede einzelne Subskriptionsperiode zu messen. Insofern werden Erträge aus SaaS-Vereinbarungen im Allgemeinen als eine einzige Leistungsverpflichtung bilanziert, es sei denn, Vertragsänderungen werden berücksichtigt und eine variable Gegenleistung zugewiesen.[242]

Die Frage bezüglich der Bilanzierung von Cloud Vereinbarungen, insbesondere Software as a Service wurde auch vor dem „*IFRS Interpretations Committee*' gestellt. In der Analyse des Interpretations Commitee geht es um Vereinbarungen, bei denen der Kunde eine Gebühr als Gegenleistung für ein Recht auf Zugang zur Anwendungssoftware des Lieferanten für einen bestimmten Zeitraum zahlt. Die Software des Lieferanten läuft auf einer Cloud-Infrastruktur, die vom Lieferanten verwaltet und kontrolliert wird. Der Kunde greift bei Bedarf über das Internet auf die Software zu. Der Vertrag überträgt dem Kunden nicht das Recht, ein Sachanlage-

---

[239] Vgl. KMPG: Revenue for software ans SaaS, (2018), S.220 f.
[240] Vgl. EY: The new revenue recognition standard – software and cloud services, (2015), S.16
[241] Vgl. EY: Software – Revenue recognition, (2018), S.8 ff.
[242] Vgl. KMPG: Revenue for software ans SaaS, (2018), S.58 ff.

vermögen zu nutzen.²⁴³ Es wurde die Frage gestellt, ob der Kunde zum Vertragsbeginn ein *„Software-Asset"* oder eine Dienstleistung über die Vertragslaufzeit erhält. Das IFRS Interpretations Commitee stellte in den Agenda Papers von März 2019 fest, dass, wenn ein Vertrag dem Kunden nur das Recht auf Zugang zur Anwendungssoftware des Lieferanten über die Vertragslaufzeit gewährt, der Kunde zum Zeitpunkt des Vertragsbeginns keinen immateriellen Vermögenswert erhält. Ein Recht auf zukünftigen Zugriff auf die Software des Lieferanten gibt dem Kunden zum Zeitpunkt des Vertragsabschlusses nicht die Möglichkeit, den zukünftigen wirtschaftlichen Nutzen aus der Software selbst zu ziehen und den Zugriff anderer auf diese Vorteile einzuschränken. Infolgedessen kam das Komitee zu dem Ergebnis, dass ein Vertrag, der dem Kunden nur das Recht einräumt, in Zukunft Zugang zur Anwendungssoftware des Lieferanten zu erhalten, ein Servicevertrag ist. Der Kunde erhält die Leistung – den Zugriff auf die Software – über die Vertragslaufzeit. Das Recht auf Zugriff deutet darauf hin, dass die Umsätze von diesem Servicevertrag zeitraumbezogen über die gesamte Vertragsdauer realisiert werden.²⁴⁴

5.6 Umsatz- und nutzungsabhängige Lizenzgebühren

Unternehmen schließen oft Vereinbarungen ab, die den Kunden verpflichten, eine Vergütung auf der Grundlage des Verkaufs oder der Nutzung einer Lizenz zu zahlen. Das ist beispielsweise ein Prozentsatz der Softwareumsätze, die von einem Vertriebspartner erzielt werden, der das Recht hat, die Software über einen bestimmten Zeitraum zu vermarkten oder zu nutzen.²⁴⁵

IFRS schränkt ein, wann diese Art der variablen Vergütung als Erlös erfasst werden darf. IFRS 15.B63 schreibt vor, dass diese Beträge zu erfassen sind, wenn das spätere der beiden folgenden Ereignisse eintritt:

---

[243] Vgl. IFRS Staff Paper: Customer's right to access the supplier's software hosted on the cloud (IAS 38), (2019)
[244] Vgl. IFRS Staff Paper: Customer's right to access the supplier's software hosted on the cloud (IAS 38), (2019)
[245] Vgl. EY: The new revenue recognition standard – software and cloud services, (2015), S.19

- Der nachfolgende Verkauf wird getätigt oder die nachfolgende Nutzung tritt ein.
- Oder die Leistungsverpflichtung, der die umsatz- oder nutzungsabhängigen Lizenzgebühren ganz oder teilweise zugeordnet wurden, wurde vollständig erfüllt.[246]

Die Anwendung dieser Ausnahme ist nicht optional. Daher müssen Unternehmen ihre Verträge über alle substanziellen Lizenzgebühren überprüfen, die im Austausch für eine Lizenz des geistigen Eigentums zugesagt wurden.[247]

Unternehmen, die geistiges Eigentum verkaufen und nicht lizenzieren, können die Ausnahme der Lizenzgebühren nicht anwenden. Wenn diese Ausnahme auf eine Vereinbarung angewendet wird, ist es außerdem nicht angemessen, Erlöse in dem Zeitraum zu erfassen, in dem die Verkäufe oder die Nutzung vom Kunden gemeldet werden (d. h. mit einer Verzögerung zu erfassen). Stattdessen werden Umsatzerlöse erfasst, wenn der Verkauf oder die Nutzung erfolgt. Infolgedessen kann es erforderlich sein, Verkäufe oder die Nutzung zu schätzen, bevor der Kunde dies meldet.[248]

Zusätzliche Komplexität kann entstehen, wenn sich eine umsatz- oder nutzungsabhängige Lizenzgebühr sowohl auf eine Lizenz für geistiges Eigentum als auch auf andere Waren oder Dienstleistungen bezieht. Die Ausnahme von der Lizenzgebühr sollte nur angewendet werden, wenn die Lizenz des geistigen Eigentums der überwiegende Gegenstand ist, auf den sich die Lizenz bezieht.[249] Da die Standards keine spezifische Definition von „überwiegend" enthalten, ist ein Ermessen erforderlich, um festzustellen, ob der überwiegende Posten, auf den sich eine Lizenzgebühr bezieht, die Lizenzkomponente ist. Wenn ein Kunde der Lizenzkomponente deutlich mehr Wert einräumen würde, wäre sie wahrscheinlich dominant.[250]

Mindestgarantien für Lizenzgebühren sind in Vereinbarungen mit umsatz- oder nutzungsabhängigen Lizenzgebühren üblich. In einigen Fällen wird die Mindestgarantie aufgrund der Unsicherheit über die Leistung des Kunden und seine

---

[246] Vgl. IFRS 15.B63
[247] Vgl. Fischer/Günther/Zülch: Bilanzierung von Lizenzvereinbarungen nach IFRS, (2015), S.1544 f.
[248] Vgl. Deloitte: Revenue from Contracts with Customers, (2018), S.193 f.
[249] Vgl. PwC: New revenue guidance, (2017), S.25
[250] Vgl. EY: A closer look at the new revenue recognition standard, (2017), S.257 ff.

Fähigkeit, das geistige Eigentum erfolgreich zu nutzen, ausgehandelt. In anderen Fällen wird die Mindestgarantie als Instrument des Cashflow-Managements festgelegt, um dem Lizenzgeber einen vorhersehbaren Zeitpunkt für einige der vertraglichen Cashflows zu geben.[251]

Eine Mindestgarantie ist eine feste Gegenleistung und unterliegt nicht der Ausnahme von der umsatz- und nutzungsabhängigen Lizenzgebühr. Daher sollten Mindestgarantien für Lizenzgebühren anerkannt werden, wenn der Lizenzgeber die Kontrolle über das geistige Eigentum auf den Lizenznehmer überträgt.[252]

„Bei der Überlassung eines Rechts auf Nutzung hat sich die TRG für die sofortige Erfassung des garantierten Mindestbetrags ausgesprochen, da dieser faktisch ein fixes Entgelt darstelle und sich daher die Begrenzung umsatz- bzw. nutzungsabhängiger Lizenzentgelte nicht auf diesen erstrecke. Wenn zu einem späteren Zeitpunkt die variablen Lizenzentgelte den bereits vereinnahmten

Mindestbetrag rechnerisch übersteigen, seien diese insoweit nach Maßgabe der Begrenzungsregeln zu erfassen. Nach einer alternativen, aber letztlich abgelehnten Ansicht wäre Umsatz nur nach den zuletzt genannten Regeln zu erfassen, da die variable Vergütung der Austauschbeziehung das Gepräge gebe."[253] Die variable Vergütung (der Betrag über dem festen Minimum) ist entsprechend der Ausnahme der umsatz- oder nutzungsabhängigen Lizenzgebühren zu erfassen.[254]

5.7 Preiskonzessionen bei langlaufenden Vereinbarungen

Wenn ein Vertrag mit Kunden nach IFRS 15 eine über 12 Monate gestreckte Zahlung vorsieht und die Voraussetzungen einer sofortigen Erlösrealisierung gegeben sind, muss das Unternehmen prüfen, ob diese Bedingungen eine Form der variablen Gegenleistung darstellen und ob eine wesentliche Finanzierungskomponente vorliegt.[255]

Das Unternehmen muss Verträge mit verlängerten Zahlungsbedingungen sorgfältig prüfen, um zu beurteilen, ob es die Absicht oder eine berechtigte Erwartung hat, dass es während der Vertragslaufzeit ein Preiszugeständnis gewährt. So kann

---

[251] Vgl. KMPG: Revenue for software ans SaaS, (2018), S.399 ff.
[252] Vgl. PwC: New revenue guidance, (2017), S.25 f.
[253] Vgl. Fischer: TRG-Meetings 2016: Ausgewählte Bilanzierungsfragen, (2016), S.357
[254] Vgl. PwC: New revenue guidance, (2017), S.25 f.
[255] Vgl. KPMG: Revenue Issues In-Depth, (2016), S.28

beispielsweise ein Softwareunternehmen die Geschäftsgepflogenheit verfolgen, Preiskonzessionen in Verträgen mit verlängerten Zahlungsbedingungen zu gewähren, um mit seinen Kunden eine Vertragsverlängerung auszuhandeln.[256] Solche Preissenkungen sind nach IFRS 15.62 und IFRS 15.IE7 ff. eine Form der variablen Vergütung, die bei Vertragsbeginn geschätzt und vom Transaktionspreis abgezogen werden muss.[257] Nach IFRS 15.56 ff. ist ein zweistufiges Vorgehen für variable Transaktionspreise geboten:

- Zuerst ist eine bestmögliche Schätzung des variablen Elements geboten.[258]
- Danach ist zu beurteilen, „ob bei Berücksichtigung des besten Schätzwerts als Umsatz eine spätere signifikante Umkehr („Stornierung") hoch unwahrscheinlich ist".[259]

„Nur wenn auch die Wahrscheinlichkeitshürde überschritten wird, ist ein variabler, von ungewissen, zukünftigen Ereignissen abhängiger Entgeltbestandteil schon vor Beseitigung der Ungewissheit in den Umsatz einzubeziehen. Erleichtert wird die Anwendung dieser Vorgabe durch die in IFRS 15.4 vorgesehene Möglichkeit der Portfoliobetrachtung, da für ein Portfolio von Verträgen verlässlichere Wahrscheinlichkeitseinschätzungen möglich sind als für einen einzelnen Vertrag."[260] Dazu folgendes Beispiel:

> Unternehmen U verkauft Software (zeitlich unbefristete Lizenzierung) an Kunden mit Zahlungsvereinbarungen, die sich oft über fünf Jahre erstrecken. In der Vergangenheit ist als Anreiz des Erwerbs neuer Produkte in einem technologisch schnelllebigen Umfeld regelmäßig die letzte Rate erlassen worden (Portfolioerfahrung).

Unter Vernachlässigung der Diskontierung wegen des Zeitwerts des Geldes (*time value of money*) wäre der Erlös in 01 mit 80 % der über die fünf Jahre vereinbarten Raten zu erfassen.[261]

---

[256] Vgl. EY: The new revenue recognition standard – software and cloud services, (2015), S.19
[257] Vgl. Lüdenbach/Hoffmann: § 25 Erlöse aus Verträgen mit Kunden, (2019), Rz.229
[258] Vgl. Lüdenbach/Freiberg: Umsatzrealisierung nach IFRS 15, (2015), S.138
[259] Lüdenbach/Freiberg: Umsatzrealisierung nach IFRS 15, (2015), S.138
[260] Lüdenbach/Freiberg: Umsatzrealisierung nach IFRS 15, (2015), S.138
[261] Vgl. Lüdenbach/Hoffmann: § 25 Erlöse aus Verträgen mit Kunden, (2019), Rz.229

5.8 Vertragslaufzeit und Vertragsstrafen bei Kündigung

Die Vertragslaufzeit ist der Zeitraum, in dem die Vertragsparteien durchsetzbare Rechte und Pflichten haben. Die Vertragsbedingungen bezüglich der Laufzeit des Vertrages können die Bilanzierung der zu Beginn der Lizenz übertragenen Software erheblich beeinflussen. Denn der der Lizenz für die gesamte Vertragslaufzeit zugeordnete Umsatzanteil wird mit der Übertragung der Kontrolle auf den Kunden erfasst. Wenn diese Vertragslaufzeit kürzer ist, verringert sich die Höhe der im Voraus erfassten Erträge.[262]

Unternehmen müssen bei der Beurteilung der Vertragslaufzeit Kündigungsklauseln berücksichtigen. Wenn ein Unternehmen einen Vertrag mit einer Laufzeit von mehreren Jahren abschließt, dieser Vertrag jedoch ohne Entschädigung vorzeitig gekündigt werden kann, könnte der Vertrag im Wesentlichen einen kurzfristigen Vertrag mit einem Verlängerungsrecht darstellen.[263] Das Unternehmen sollte eine Verlängerung prüfen, um festzustellen, ob sie ein wesentliches Recht ähnlich wie bei anderen Arten von Kundenoptionen bietet. Im Gegensatz dazu hat ein Vertrag, der vorzeitig beendet werden kann, jedoch eine wesentliche Kündigungsstrafe erfordert, wahrscheinlich eine Vertragslaufzeit in der gleichen Höhe wie die im Vertrag angegebene Laufzeit.[264]

Es ist nach h. M. davon auszugehen, dass Kündigungsstrafen verschiedene Formen annehmen können, einschließlich Barzahlungen (die im Voraus bezahlt werden können) oder die Übertragung eines Vermögenswertes auf den Verkäufer. Bei der Entscheidung, ob eine Kündigungsstrafe substanziell ist, sollte vorab eine Einschätzung gemacht werden.[265] Eine Zahlung muss nicht als „Kündigungsstrafe" bezeichnet werden, damit sie durchsetzbare Rechte und Pflichten schafft. Eine substanzielle Kündigungsstrafe kann auch vorliegen, wenn ein Kunde ohne Anspruch auf Rückerstattung die Rechte an einer Lizenz aufgibt, für die er bereits eine erhebliche Vorauszahlung geleistet hat.[266]

---

[262] Vgl. KMPG: Revenue for software ans SaaS, (2018), S.78 ff.
[263] Vgl. PwC: IFRS 15 for the software industry, (2019), S.03
[264] Vgl. PwC: IFRS direkt: IFRS 15 in der Softwareindustrie, (2019), S.02 f.
[265] Vgl. EY Scout: Im Fokus: der neue Standard zur Umsatzrealisierung, (2017), S.48 f.
[266] Vgl. KMPG: Revenue for software ans SaaS, (2018), S.116 ff.

6 Thesenförmige Zusammenfassung

IFRS 15 als neuer Standard in der Finanzbranche regelt die Bilanzierung aller Erlöse aus Verträgen mit Kunden. Er betrifft alle Unternehmen, die Verträge über die Lieferung von Gütern oder Dienstleistungen an ihre Kunden abschließen (es sei denn, die Verträge fallen in den Anwendungsbereich anderer IFRS-Standards).[267]

Die Umsatzrealisierung innerhalb der Softwareindustrie gestaltete sich mit jeder Menge komplexen branchenspezifischen Anleitungen in der Vergangenheit. Die neuen Umsatzstandards [ASC 606(US-GAAP) und IFRS 15, Erlöse aus Verträgen mit Kunden] ersetzen branchenspezifische Leitlinien durch ein einziges Umsatzrealisierungsmodell. Daher wird nach h. M. erwartet, dass die Bilanzierung von Softwareprodukten und -dienstleistungen zu den Bereichen gehört, die am stärksten von den neuen Standards betroffen sind.[268]

Ziel der allgemeinen Finanzberichterstattung nach IFRS ist es, Finanzinformationen über das berichtende Unternehmen bereitzustellen, die für bestehende und potenzielle Investoren, Kreditgeber und andere Gläubiger bei Entscheidungen über die Bereitstellung von Ressourcen für das Unternehmen nützlich sind. Somit verfolgt der IFRS-Abschluss ausschließlich den Informationszweck.[269]

IFRS 15 legt einen einheitlichen und umfassenden Rahmen fest, in dem die Bestimmung des Realisationszeitpunkts bzw. -zeitraums der Erlöse und die Bemessung der Höhe der Erlöse festgelegt sind.[270] Gemäß IFRS 15.2 gilt als Kernprinzip dieses Standards, dass ein Unternehmen „die Erlöse in Höhe der Gegenleistung erfassen muss, die es im Austausch dieser Güter oder Dienstleistungen voraussichtlich erhalten wird".[271] Die Anwendung dieses Grundprinzips erfolgt in folgenden fünf Schritten:

1. Identifikation von Kundenverträgen
2. Identifikation der Leistungsverpflichtungen

---

[267] Vgl. Lüdenbach/Hoffmann: § 25 Erlöse aus Verträgen mit Kunden, (2019), Rz.1-2
[268] Vgl. PwC: New revenue guidance, (2017), S.01
[269] Vgl. Buchholz: Grundzüge des Jahresabschlusses nach HGB und IFRS, (2016), S.238-239
[270] Vgl. Schlüter/Schönhofer: §15. Gesamtergebnisrechnung/Gewinn- und Verlustrechnung, (2016), Rz.46-48
[271] IFRS 15.2

3. Ermittlung des Transaktionspreises
4. Aufteilung des Transaktionspreises auf die Leistungsverpflichtungen
5. Erlösrealisierung mit Erfüllung der Leistungsverpflichtungen.[272]

Softwareunternehmen können jedoch nach IFRS 15 unterschiedliche Schlussfolgerungen ziehen bei der Beurteilung, ob ein Recht auf Zugang oder ein recht auf Nutzung auf sein geistiges Eigentum einräumt, welche Güter oder Dienstleistungen separat bilanziert werden können und welche Gegenleistung ihnen zuzurechnen ist.[273]

Für den Zweck der korrekten Umsatzrealisierung in der Softwarebranche ist zunächst zwischen kundenspezifischer Softwarefertigung und Lizenzierung von Standardsoftware zu unterscheiden. Als kundenspezifisch gilt nicht nur die Herstellung individueller Software nach Kundenvorgaben, sondern auch das signifikante Modifizieren oder Customizing von Standardsoftware.[274]

Die kundenspezifische Softwarefertigung erfüllt die Kriterien des IFRS 15.35 c) und sind daher die Umsätze über einen bestimmten Zeitraum nach Leistungsfortschritt zu realisieren.[275]

Wenn sowohl die Merkmale einer kundenspezifischen Softwareentwicklung nicht vorliegen als auch die Software nicht im unterscheidbaren Bündel mit anderen Serviceleistungen lizenziert wird, handelt es sich um Standardsoftware.[276] Beim Standardsoftware muss das Unternehmen gemäß IFRS 15.B56 prüfen, ob die Art des Versprechens des Unternehmens bei der Übertragung der Lizenz auf den Kunden darin besteht, diesem Kunden entweder:

- ein Recht auf Zugriff auf sein geistiges Eigentum (zeitraumbezogene Leistung) oder
- ein Recht auf Nutzung seines geistigen Eigentums einzuräumen (zeitpunktbezogene Leistung).[277]

---

[272] Vgl. Hoffmann/Lüdenbach: IFRS 15, (2015), S.27
[273] Vgl. EY: The new revenue recognition standard – software and cloud services, (2015), S.1-2
[274] Vgl. Zwirner/Zieglmaier/Heyd: Bilanzierung und Besteuerung digitaler Leistungen, (2019), S.07
[275] Vgl. Lüdenbach/Hoffmann: § 25 Erlöse aus Verträgen mit Kunden, (2019), Rz.223 f.
[276] Vgl. Lüdenbach/Hoffmann: § 25 Erlöse aus Verträgen mit Kunden, (2019), Rz.225
[277] Vgl. IFRS 15.B56

Bei Cloud-Computing Vereinbarungen wird an den Kunden ein Recht auf Zugang des geistigen Eigentums eingeräumt. D. h., dass wenn ein Vertrag dem Kunden nur das Recht auf Zugang zur Anwendungssoftware des Lieferanten über die Vertragslaufzeit gewährt, der Kunde zum Zeitpunkt des Vertragsbeginns keinen immateriellen Vermögenswert erhält. Der Kunde erhält die Leistung – den Zugriff auf die Software – über die Vertragslaufzeit. Das Recht auf Zugriff deutet darauf hin, dass die Umsätze bei Cloud-Dienst Vereinbarungen zeitraumbezogen über die gesamte Vertragsdauer realisiert werden.[278]

Die Lieferung von Software beinhaltet nahezu in allen Fällen auch Vereinbarungen von Serviceleistungen wie Set-Up und Integrationstätigkeiten, ‚Post-Contract-Support' etc. Wenn die Serviceleistungen die Software nicht wesentlich verändern, liegt keine kundenspezifische Softwarefertigung vor und es handelt sich um ein Mehrkomponentengeschäft. Es muss danach bei Eigenständigkeit der Leistungen in Lizenzfertigung und Serviceleistungen disaggregiert werden.[279] Diese Disaggregation erfolgt nach dem Preis, „den das Unternehmen bei separatem Verkauf bzw. Leistung erzielt oder erzielen könnte".[280]

Unternehmen schließen oft Vereinbarungen ab, die den Kunden verpflichten, eine Vergütung auf der Grundlage des Verkaufs oder der Nutzung einer Lizenz zu zahlen. Das ist beispielsweise ein Prozentsatz der Softwareumsätze, die von einem Vertriebspartner erzielt werden, der das Recht hat, die Software über einen bestimmten Zeitraum zu vermarkten oder zu nutzen.[281] Wenn ein Vertrag eine nutzungsabhängige Lizenzgebühr enthält, werden die Umsatzerlöse erfasst, wenn der Verkauf oder die Nutzung erfolgt. Hier ist immer eine zeitraumbezogene Erlöserfassung erforderlich.[282]

Ist für langlaufende Vereinbarungen von späteren Preiskonzessionen, insbesondere Nachlässen auszugehen, finden die Vorgaben für variable Transaktionspreise Anwendung. Die Bestimmung des Entgelts hat dann unter besonderer Vorsicht zu erfolgen.[283]

---

[278] Vgl. IFRS Staff Paper: Customer's right to access the supplier's software hosted on the cloud (IAS 38), (2019)
[279] Vgl. EY: The new revenue recognition standard – software and cloud services, (2015), S.12
[280] Lüdenbach/Hoffmann: § 25 Erlöse aus Verträgen mit Kunden, (2019), Rz.228
[281] Vgl. EY: The new revenue recognition standard – software and cloud services, (2015), S.19
[282] Vgl. Deloitte: Revenue from Contracts with Customers, (2018), S.193 f.
[283] Vgl. Lüdenbach/Freiberg: Umsatzrealisierung nach IFRS 15, (2015), S.138

Literaturverzeichnis

Baetge, Jörg; Kirsch, Hans-Jürgen; Thiele, Stefan: Konzernbilanzen, 9., durchgesehene Auflage, 2011, Düsseldorf: IDW Verlag

BDO: IFRS in Practice 2019: IFRS 15 Revenue from Contract with Customers, 2019, 1902-07, BDO IFR Advisory Limited, London

BDO: IFRS-Selected: Beachtung von branchenspezifischen Besonderheiten bei Implementierung des neuen IFRS 15, 2014, BDO AG Wirtschaftsprüfungsgesellschaft

BDO: IFRS Industry Issues – Software, IFRS 15: Revenue from contracts with Customers, 2017, BDO LLP

Braun, Markus; Fischer, Christian; Roos, Benjamin:Umsatzrealisierung nach HGB und IFRS: Unterschiede unter Berücksichtigung von IFRS 15, in StuB Nr. 21, 2016, S. 803-811 NWB

Breidenbach, Karin:Präzisierung zu IFRS 15: Aktueller Stand zur Umsatzerfassung nach IFRS, in BBK Nr. 17 vom 2016, S. 852-861

Breidenbach, Karin: Realisation von Umsatzerlösen nach IFRS 15, Neuregelung durch das IASB, in BBK Nr. 13 vom 2014, S. 631-637

Buchholz, Rainer: Grundzüge des Jahresabschlusses nach HGB und IFRS, Mit Aufgaben und Lösungen, 9., aktualisierte Auflage, 2016, München: Franz Vahlen Verlag

Christian, Dieter; Lüdenbach, Norbert: IFRS Essentials, 2013, London: John Wiley & Sons, Ltd.

Deloitte: A Revenue from Contracts with Customers: A guide to IFRS 15, March 2018, J14189, Deloitte Touche Tohmatsu Limited, London

Deloitte: Implementing IFRS 15 Revenue from Contracts with Customers: A practical guide to implementation issues fort he industrial products and service sector, 2015, 40710A, Deloitte Touche Tohmatsu Limited, London

Deloitte: IFRS fokussiert: IFRS 15 Erlöse aus Verträgen mit Kunden, 2014, Stand 06/2014, Deloitte & Touche GmbH Wirtschaftsprüfungsgesellschaft

Deloitte: Rahmenkonzept für die Finanzberichterstattung, Stand 2018, unter: https://www.iasplus.com/de/standards/other/rahmenkonzept?set_language=de (abgerufen am 06.08.2019)

Deloitte: IFRS 15 Erlöse aus Verträgen mit Kunden, stand 2019, unter: https://www.iasplus.com/de/standards/ifrs/ifrs15, (abgerufen am 22.07.2019)

Die Europäische Kommission: VERORDNUNG (EU) 2017/1987 DER KOMMISSION vom 31. Oktober 2017: zur Änderung der Verordnung (EG) Nr. 1126/2008 zur Übernahme bestimmter internationaler Rechnungslegungsstandards gemäß der Verordnung (EG) Nr. 1606/2002 des Europäischen Parlaments und des Rates im Hinblick auf den International Financial Reporting Standard 15, 2017, Amtsblatt der Europäischen Union L291/63

EY: Applying IFRS: A closer look at the new revenue recognition standards, Updated October 2017, EYG No. 5860-173 Gbl EY-000044580.indd (UK) 10/17, EYGM Limited, London

EY: The new revenue recognition standard – software and cloud services, 2015, EYG No. AU2828, EYGM Limited

EY: Financial reporting development: Software – Revenue recognition, Accounting Standards Codification 985-605, 2018, SCORE no. BB1946, Ernst & Young LLP

EY: Umsatzrealisierung bei Verträgen mit Kunden, Das Konvergenzprojekt von IASB und FASB: Was bedeuten die vorgeschlagenen Neuregelungen für die Praxis?, 2011, HBO 0111, Ernst & Young GmbH Wirtschaftsprüfungsgesellschaft

EY Scout: Im Fokus: der neue Standard zur Umsatzrealisierung, aktualisiert im Januar 2017, 01.2017, SRE 1701-002, EYGM Limited

Fink, Christian: Die Bilanzierung von Apps, Clouds und Webseiten nach IFRS, in PiR Nr. 7 vom 2019, S. 193-201

Fischer, Daniel: TRG-Meetings 2016: Ausgewählte Bilanzierungsfragen, in PiR Nr.12, (2016), S. 355-357 NWB

Fischer, Daniel T.: Klarstellung zu IFRS 15, in PiR Nr. 9 vom 2015, S. 259-261

Fischer, Thomas M; Günther, Thomas; Zülch, Henning: Bilanzierung von Lizenzvereinbarungen nach IFRS, in Der Betrieb, Heft 27-28 vom 2015, S. 1537-1545

Freiberg, Jens: Bilanzierung von Cloud computing-Vereinbarungen, in PiR Nr. 10 vom 2018, S. 304-305

Grant Thornton: IFRS News: Special Edition – A revised „Conceptual Framework for Financial Reporting", 06.2018, Grant Thornton International Ltd.

Große, Jan-Velten: Maintenance der IFRS – aktueller Stand beim IFRS IC, in PiR Nr. 5 vom 2019, S. 154-159

Grünberger, David: IFRS 2019: Ein Systematischer Praxis-Leitfaden, 16., neu bearbeitete Auflage, 2018, NWB Verlag

Hoffmann, Wolf-Dieter; Lüdenbach, Norbert: IFRS 15: Aktuelle Neuerungen bei der Umsatzrealisation, 2015, Herne: NWB Verlag

Hoffmann, Wolf-Dieter; Lüdenbach, Norbert: IAS/IFRS Texte 2017/2018, 10., vollständig überarbeitete und aktualisierte Auflage, 2017, Düsseldorf: NWB Verlag

International Accounting Standards Board: The Conceptual Framework for Financial Reporting: The objective of financial reporting and qualitative characteristics of decision-useful financial reporting information: London, September 2010, IFRS Foundation, London

International Accounting Standards Board: Clarifications to IFRS 15 Revenue from Contracts with Customers, April 2016, IFRS Foundation Publications Department

International Financial Reporting Standards – Deutsch-Englische Textausgabe der von der EU gebilligten Standards und Interpretationen, 2019, WILEY-VCH Verlag

IFRS Interpretations Committee: IFRS Staff Paper: Customer's right to access the supplier's software hosted on the cloud (IAS 38), Agenda Ref. 7, 2019

Johnson, Anne Frances; Millet, Lynette: Software Update as a Mechanism for Resilience and Security, 2017, Washington DC: The National Academies Press

Kirsch, Hanno: Einführung in die internationale Rechnungslegung nach IFRS, 11., vollständig überarbeitete und erweiterte Auflage, 2017, Herne: NWB Verlag

KPMG: Revenue Issues In-Depth: IFRS and US GAAP, Second edition, 2016, Publication number: 133541, KMPG IFRG Limited, UK

KPMG: Revenue for software and SaaS, 2018, KMPG LLP

KMPG: Revenue recognition Handbook, 2018, KPMG LLP

Lüdenbach, Norbert; Freiberg, Jens: Umsatzrealisierung nach IFRS 15: Anwendungsfragen in der Softwareindustrie, in PiR Nr. 5 vom 2015, S. 134-138

Lüdenbach, Norbert; Hoffmann, Wolf-Dieter; Freiberg, Jens: § 25 ERLÖSE AUS VERTRÄGEN MIT KUNDEN (Revenue from Contracts with Customers) (HI1160433), 17. Auflage, Haufe IFRS-Kommentar Online, Mai 2019

Moxter, Adolf; Engel-Ciric, Dejan: Grundsätze ordnungsgemäßer Bilanzierung: §§246-256a HGB, 1. Auflage, 2019, Düsseldorf: IDW Verlag

Nardmann, Hendrik; Geberth, Silvia; Haussmann, Kai: Die Klarstellung des IASB zu IFRS 15 – eine Hilfe für die Praxis?, in KoR Nr. 07-08 vom 2016, S. 321-325

Nestler, Anke: Die finanzorientierte Bewertung von Software, in M&A Review 1-2/2017, 28. Jahrgang, S. 14-19

Oyedokun, Godwin Emmanuel: Revenue Recognition Paradox: A Review of IAS 18 and IFRS 15, in SSRN Electronic Journal 10.2139/ssrn.2912250, January 2016

Petersen, Karl; Zwirner, Christian: Klarstellungen zu IFRS 15 – Erträge aus Verträgen mit Kunden, in IRZ, Heft 04 vom 2017, S. 147-151

Picker,Ruth; Clark, Kerry; Dunn, John: Applying IFRS Standards, Fourth Edition, 2016, London: John Wiley & Sons, Ltd.

Pollmann, Rene; Hartung, Kathrina: Die Anwendung des IFRS 15 in der Automobilzuliefererindustrie am Beispiel der Lieferung eines Navigationsgerätes mit Softwareupdates in DStR 2016, Heft 8, S. 494-497

PwC: In depth: Revenue from contracts with customers: The standard is final – A comprehensive look at the new revenue model, No. INT 2014-02 vom 2014, PricewaterhouseCoopers LLP

PwC: In depth: New revenue guidance: Implementation in the software industry, No. US2017-13 vom 2017, PricewaterhouseCoopers LLP

PwC: In Brief: A look at current financial reporting issues - IFRS 15 for the software industry, 2019, PricewaterhouseCoopers LLP, UK

PwC: IFRS direkt: Update zu den aktuellen Entwicklungen der IFRS – IFRS 15 in der Softwareindustrie, 2019, PricewaterhouseCoopers GmbH Wirtschaftsprüfungsgesellschaft

Rat der Europäischen Union: VERORDNUNG (EU) …/… DER KOMMISSION vom XXX zur Änderung der Verordnung (EG) Nr. 1126/2008 zur Übernahme bestimmter internationaler Rechnungslegungsstandards gemäß der Verordnung (EG) Nr. 1606/2002 des Europäischen Parlaments und des Rates im Hinblick auf den International Financial Reporting Standard 15, 2016, Dokumentnummer: D044460/01,

Roos, Benjamin: Cloud-Lösungen zur Nutzungsüberlassung von Softwareprodukten, Bilanzielle Behandlung in einem IFRS-Abschluss, in PiR Nr. 4 vom 2019, S. 95-100

Walter, Robert: Umsatzrealisierung bei Online-Vermittlungs-Dienstleistungen nach IAS 18 und IFRS 15, in Der Betrieb, Heft 06 vom 2016, S. 301-306

Wüstemann, Sonja; Wüstemann, Jens: Bilanzierung case by case: Lösungen nach HGB und IFRS, 10., überarbeitete und aktualisierte Auflage 2018 mit 12 Prüfungsschemata und 4 Tabellen, 2018, Frankfurt am Main: Deutscher Fachverlag GmbH

Zülch, Henning: Ertragsrealisation (IFRS): IAS18, Ertragsrealisation, in InfoCenter vom 2018, NWB

Zwirner, Christian; Boecker, Corinna: IFRS-Update 2018 – Ein Überblick über die ab 2018 neu anzuwendenden IFRS, in KoR Nr. 01 vom 2018, S. 01-07

Zwirner, Christian; Zieglmaier, Hannes; Heyd, Steffen: Bilanzierung und Besteuerung digitaler Leistungen: Ausgewählte handelsrechtliche, steuerbilanzielle und (umsatz-)steuerliche Aspekte, in StuB Nr.9 vom 2019, S. 1-20

Satyanarayana, S.: Cloud Computing: SaaS, in GESJ: Computer Science and Telecomunications No.4(36) vom 2012, S.76-79

Schlüter, Jörg; Schönhofer, Christian: §15. Gesamtergebnisrechnung/Gewinn- und Verlustrechnung, in Beck'sches IFRS-Handbuch, 5. Auflage, 2016, Rn. 47-67, C.H.BECK Verlag

Shaw, Neal G.: Strategies for Managing Computer Software Upgrades, 2013, Melbourne: Idea Group Publishing